家族高所冒険登山

井上　治
Osamu Inoue

文芸社

家族高所冒険登山

――目次――

家族高所冒険登山：序文（プロローグ）

夏休みなどの長期の休暇に家族で遠方に出かけ、楽しく過ごした時間は写真やビデオ、日記などに残され、かけがえの無い思い出となる。ピクニックやキャンプ、ちょっとした登山を経験した家族も少なくないだろう。夏の富士登山は世界遺産に登録されて以来、家族での登山も多いと聞いているが、海外にまで足を伸ばし成長期の子供達と四〇〇〇m級の高所登山に挑戦する家族は少ないだろう。登山までの家族の同意と周到な準備は不可欠であるが、妻や子供達、それぞれの思惑と個性を尊重しつつ山頂を目指し、仕事と家族サービスの狭間で自分自身も登山を楽しむのは至難の業である。

この体験記をエッセイとして残すことにより、一《いち》家族の想い出にとどまらず登山の辛さ楽しさを多くの人々と共有し、家族で成し遂げる登山の意義を感じて頂けたらと願っております。尚、平成一八年に「家族登山と壮年サッカー」を出版しましたが、この度、西表島縦断記と白馬大雪渓登山を加え「家族高所冒険登山」として出版することになりました。三〇〇〇m以上の高所は希薄な空気と寒冷や強風、強烈な日差しなど家族として挑戦するべき環境ではないかも知れませんが、私の登山に寄せる長年の夢を家族に託し、困難に立ち向かう心の成長に繋《つな》がればとの思いからでもあります。父の我侭《わがまま》について来てくれた子供達と妻に感謝し、貴重な体験談を多くの家族とエッセイとして共有することを許して頂きたい。

1章　太古の森、屋久島へ

初めての家族登山だ！

屋久島登山は、私の学生時代からの念願だった。九州より南の孤島にありながら海抜二〇〇〇mに近く、巨大な原生林の屋久杉が繁茂する世界遺産にも指定された秘境であり、冬には山全体が雪に覆われるという、登山愛好家には魅力的な山であった。私は沖縄に赴任して二〇年になるが、直通の航空便がないこともあり、近くて遠い山だった。また興味が専らダイビングに向き、サッカーで膝を痛めたり、腰にも自信がなくなったことなどで、この山に登ることはないものと思っていた。

しかし昨年の四月、ちょうど五〇歳にして職場の実質的な責任者になったことから、年休がとれるようになった。思い返せば昭和五五年の結婚以来、年を経るごとに一人、二人、そして三人と家族は増えていった。週末には幼い子供たちを連れて海に行く生活で、長男が小学校に入る頃からはJリーグが始まったこともあり、家族で近くの公園でサッカーを始めた。長女の運動神経はいまいちであったが、次女のスピードと運動センスに驚かされた。長男も小さいながらガッツがあり、また妻の下手ながらボールに向かって走り回る運動能力に驚かされた。

屋久島登山を決めたのは平成一〇年の一〇月頃で、妻には度々屋久島のことを話しており、子供たちも正月に県外に遊びに行けるとのことで賛成だった。時期的にも長女は私立の高校に入ったばかり、次女は中学二年、長男は小学六年で、体力はむしろわれわれよりもあり、子供たちの同意を確認後、家族で屋久島に挑戦することになった。

屋久島登山は、高塚山（一三九六ｍ）の頂上直下にある縄文杉を日帰りで往復するコースが最もポピュラーで、初心者でも登れるとのことであったが、われわれが登ろうとしている時期は正月の初冬で、雪を見ることもあり、雨と寒さは厳しく、一人でも足がつったり、転んで足を傷めたりすると、皆で一夜を明かすことも覚悟する必要があった。登山にはそれなりの体力が必要で、家族には沖縄の山を週末に皆で歩くことを誓わせた。しかし、一一月に近くの石川岳（二〇四ｍ）の散策コースを二時間歩いたのにとどまり、日々のトレーニングは個人にまかせられた。結局、妻と長女はほとんど運動らしいことはやらなかった。私は学生時代の登山の経験から、屋久島はハイキングレベルとはいえ、周到な計画と準備が必要と考え、四〇kgの人でも背負える背負子《しょいこ》を那覇のアウトドア専門店からカタログ注文し、ビバーク（避難用野営）に備えて、家にあった簡易テントと防寒シートを一泊用位のリュックに装備した。各自のリュックを二階の私の部屋に並べ、その中に予備食、スポーツ・ドリンク、懐中電灯、コンビニで買ったレインコート、厚手の靴下などを少しづつ準備していった。登山地図は沖縄の書店にはなく、山形での学会のときに購入してきたが、屋久島・種子島のガイド・ブックは大変参考になった。屋久島登山が成功した暁には、種子島の日本宇宙開発事業団（ＮＡＳＤＡ）と鉄砲館、そして明治維新の町、鹿児島市内なども観光することにした。登山靴は、雨で道がぬかるみになることと、足を捻挫から守る上で不可欠と考え、靴流通センターで私と妻はトレッキング用を購入した。しかし二人の娘たちはファッション性のあるブーツみたいなものを買ってしまい、長男は普段はいているバスケットシューズをそのまま使うことにした。

クリスマス・イブに大津の祖母（私にとっては母になる）が、耳が痛くなる苦手な飛行機で二年ぶりに沖縄にやってきた。私が那覇空港に迎えに行ったが、七〇歳になったばかりで、髪は白いものの背はまだ高く、若い頃からの猫背の癖も年相応になっていた。わが家の年末の恒例になるが、近くのリージョン・クラブ（アメリカさんの旧将校クラブ）に安くて美味く、ボリュームのあるターキーを食べに行ったり、私が月一回の本部《もとぶ》の病院に出掛ける際に、長男と母を名護《なご》の自然動植物公園で降ろして、放し飼いのカピバラやアルパカを見せたり、真栄田《まえだ》岬に私がスキューバをするのに連れて行ったりした。すぐ大晦日になり、翌日の元旦にはおばあちゃんが大津に帰るため、そしてわれわれは登山のための準備に追われた。紅白歌合戦もそこそこに、皆早く床に入り、午前九時発の飛行機に間に合うよう六時の起床とした。

屋久杉ランドで足慣らし

出発の朝、私は五時に起き、母も起きて来たので、二人で近くの成田山へ初詣に出掛け、神社のお参りもそこそこに、肌寒い中、車から雲の向こうの朝日に家族の安全と幸福を願った。七時には皆でお雑煮と少々のお節料理で新年を祝った後、デリカ・ワゴンに乗り込んで北中城《きたなかぐすく》の家を後にし、子供たちは眠たい目をこすりながら高速道路を飛ばして那覇空港に向かった。まず母の搭乗手続きを終え、同じ九時発のＪＡＬの搭乗口で見送り、われわれはＡＮＡに向かった。カウンターでは以前に私の治療を受けていた色白の青年が航空職員として立派に働いていた。大小のリュックからなる荷物を預けると、鹿児島からの乗り継ぎのエア・コミューターにも荷物を移してくれるよう手配をしてくれた。

ほどなく着いた鹿児島空港のロビーには屋久杉の実物大の写真があった。子供たちはこの杉を見るために山に登るということが実感できないようであった。天気はよく、空港のはずれにある離島方面のロビーからは山頂に薄く雪を抱いた霧島や開聞岳《かいもんだけ》が臨めた。われわれの乗る飛行機はあまりにも小さいので、皆少々の不安を覚えた。機内はバス程度で、離陸したかと思うとあっという間に海面すれすれに屋久島空港に着陸した。レンタカー会社のゴツイ感じの女性が待っていたが、妻と私はニューハーフみたいだねと顔を見合わせた。実は、下山後、二人で車を返しに行ったが、われわれのホテルまで送ってくれないというので、一悶着あった。二日間レンタルしたカローラで、海岸沿いの離島にしては立派な道路を南下する。安房港《あんぼうこう》を過ぎ、宿泊予定である崖にへばりついたロイヤル・ホテルが見えた所で右折すると、山に向かって少しづつ傾斜が加わってきた。本格的な山岳道路となり、荒川への分岐点を左折するとアスファルトも少なくなる。車幅が一台分となり、深い山中から出て来た屋久ザルを見ながら、下ってくるタクシー数台に道を譲ったりして、小一時間のドライブで、屋久杉ランドに到着した。ここは誰もが体力に合わせて屋久杉が見られるように作られたハイキング・コースになっている。われわれはこの公園内の全ての屋久杉がみられるコースを選び、日帰り登山で下山する人達と軽い挨拶を交わしながら、空身ではあったが、二時間の山道コースをなんなくこなした。翌日のウォーミングアップとしていい汗をかいた。巨大な屋久杉が幾つも簡単に見られるため、この時期でも結構、人が入っており、カメラのシャッ

屋久杉ランドの吊橋でヘッピリ腰の長女。

ターを押してあげたり押してもらったりして、家族写真を沢山撮ったが、八ミリビデオの調子が悪く、妻はせっかく修理に出したのにと怒っていた。早い夕暮れの中をレンタカーで山を後にし、ホテルに入った。ホテルといってもコンクリート造りというだけの旧い旅館で、あまりきれいでない風呂とトイレの付いた畳の部屋であった。しかし、長男と大浴場に行った後に部屋で飲むビールは格別で、安房《あんぼう》の港町の夜景を見ながら、初めて家族旅行が実現できた満足感にひたった。夕食は旅館の大広間に呼ばれ、釣りのグループや他の家族と一緒に、各自のお膳の前に座り、尾頭付きのタイやアサヒガニ、ナマコなど超豪華な正月料理に舌つづみをうった。ちなみに暮れのボーナスが入ってから旅館を予約したおり、正月料金とのことで奮発したのだが、料理にはあまり期待をしていなかった。フロントの女将風の人に、明日は早いので朝食を弁当にして、昼食用のおにぎりとお湯を準備してもらうように頼むと、部屋には布団がすでに敷いてあり、リュックの準備もそこそこに、五時起きとして皆床に入った。

樹齢七二〇〇年の神秘

朝六時少し前に起床し、皆それぞれに洗面すると、リュックを担いでフロントで二食分の弁当を受けとった。ココアの粉を入れたポットの中にはお湯を入れた。暗く、ひんやりした中をレンタカーで出発した。車内で朝食をとりながら、昨日、左折した山中の分岐点を右折すると、すでに登山者を送って帰るライトを点けたタクシー数台とすれ違った。小一時間で荒川分かれの広場に到着した。ちょうど午前七時となり、空が少し白んできてなんとか電灯なしで歩けるくらい明るくなった。皆、公衆トイレで済ませると、いよいよ私を先頭にして荒川沿いのトロッコ道を歩き始めた。屋久島登山の案内書では、縄文杉まで往復八時間の日帰りコースということで、次女と長男の体力に問題はなかったが、妻と長女が心配で、私自身も腰と膝に不安があったので、とにかく休みを短くして、スポーツ・ドリンクだけで歩き続け、昼までに頂上の高塚小屋までたどり着く必要があった。トロッコ道は、レールと枕木が敷かれ、屋久杉を山奥から切り出すのに使われたが今は廃線となり、高塚山の麓までなだらかな登山道となっていた。われわれはまず五〇m位の暗いトンネルを抜け、眼下に渓流を見ながら吊橋を何回も渡った。長女は泣きっ面のヘッピリ腰ながら、なんとか難関をクリアーできた。約一時間歩いた所に廃村があり、誰もいない校門の前で一服し、われわれのすぐ後から歩いて来た若いカップルに写真を撮ってもらった。トロッコ道は崖崩れで中断されていたが、三代杉などを見ながらやっと高塚山登山口まで予定通り二時間あまりでたどり着いた。下山してきた登山者が数人、沢で休んでいたが、われわれは水分の補給もそこそこに登りにかかった。小一時間登ると、ウィルソン株に到着し、老人のパーティが休憩をとっており、

廃線のトロッコ路を行く。

他人ごとながら心配になったが、かえってわれわれを励ましてくれた。この屋久杉はすでに切り株だけになっていたが、中は空洞で、八畳間位あり、小さいお宮さんが暗い中に祭られていた。登りは決して急峻ではないが、登ったかと思うと下りになったりし、標識は十分あったが、登山道はぬかるんだりしていて、手を使うところもあった。視界は樹林帯なのでほとんどなく、三〇分ごとのウオーター・タイムをとりながら、互いを励まし合い二時間近く登った。次女と長男は元気なので荷物を多くしていたのだが、それも私が背負うことになった。先導する私の体調は上々で、一方、妻と長女はほとんど空身なのに遅れ気味だったがよくついて来た。一〇〇〇m付近に夫婦《みょうと》杉の大木があり、その前で子供たちがわれわれ二人を撮ってくれる余裕もあった。標高一九三五mの宮之浦岳を縦走して来た登山者たちは、ピッケルを片手に大きなリュックを背負っていたが、彼らとすれ違うと縄文杉も目前となった。急な板の階段を登ると、板の台座があり、その奥にどかっと根を下ろした巨大な縄文杉が五〇mほど上空までそびえていた。板のテラスの上で他の家族が食事をしており、聞くとここがほとんど頂上で、このまま食事を済ませて下るという。われわれもビバーク用に持って来た厚手のアルミシートを敷いて、おにぎりの昼食にかかった。魔法瓶に入れて持ってきた温かいココアは格別で、やや甘ったるかったが、われわれの疲れを癒してくれた。下りてきた登山者によると五分位で高塚山の山頂で、小屋もあるという。疲れ切った長女を残して、皆で登ってみたが、頂上は雑木の中の峠で展望はなく、小屋はビバーク用のコンクリート造りで美しくなかった。家族には「山に登ったら素晴らしい景色が見られるよ」と言ってハッパをかけてきたこともあり、皆少々がっかりした。天にそびえる樹齢七二〇〇年の縄文杉の根元に家族一同しゃがみ込み、この登山の中で最高の一枚になるよう、縦のパノラマで、先に来ていた家族にカメラのシャッターを切ってもらった。この巨木の根元にも小さい神座があり、家族の健康と子供たちの学業の向上などを祈った後、わずか三〇分ほどの休

最大の切株、ウィルソン株で休む。

憩で下りにかかった。下りは思った以上に急であったが、驚いたことに妻は今度は先頭となり、ものすごいスピードで下り始めた。私はしんがりとなって、少し痛みが出てきた腰と膝をかばいながら、皆に遅れをとりながら付いて行くのがやっとであった。どうも妻は、登りが辛かったわりに展望がなく、期待していた山の美しさとは違ったことから、その腹癒《はらい》せにどんどん下りて行ったようであった。ウィルソン株で会った老人グループが今頃登って来るのに驚かされたが、「引き返した方がいいですよ」とは言えなかった。一気にウィルソン株まで下り、休憩もそこそこにトロッコ道の始点まで妻は体重にものを言わせて駆け下りた。トロッコ道も来る時は二時間以上かかったのだが、少し下り気味のこともあり、妻は怒ったように先頭で飛ばし、私は膝を引きずりながら一〇〇m以上も遅れ、のろい長女にもなかなか追いつけなかった。軌道の脇は渓流沿いで、急な崖が多かったが、屋久シカ数頭がすぐ近くにおり、妻たちもしばし足を止め、私も一時追いつくことができた。渓流にかかる橋をあれほど怯《おび》えていた長女は、揺れる吊橋もスタスタと歩いて渡り、長男が先に走って行って、遠くから「最後のトンネルだよ〜」と叫ぶと、その声でようやくわれわれの屋久島登山は終わった。全行程を九時間で踏破し、ちょうど午後四時に、山影がさし始めた荒川分かれの駐車場に全員無事帰還した。帰り道、車の中で分け

樹齢七二〇〇年と言われる縄文杉の前でやっと昼食をとる。

合って食べたポンカンの味は格別であった。

〈ミニ知識〉縄文杉

屋久島は温暖多湿の亜熱帯気候の中で巨大な屋久杉を育《はぐく》んできた。屋久杉は標高六〇〇m以上で繁茂し、特に樹齢一〇〇〇年以上のものを〝屋久杉〟と呼ぶ。それ以下は〝小杉〟、植林された杉は〝地杉〟と呼ばれ、年輪が緻密で樹脂も多いため腐りにくく虫にも強い。標高一二〇〇m付近に巨木が多く、縄文杉も高塚山の南斜面標高一三〇〇mにあり、世界最大の杉である。縄文杉は江戸時代から知られ、昭和四一年に再発見された。巨大な周囲径から樹齢七二〇〇年とされたが、実は「合体木《がったいぼく》」で、内部の木片から最も古いもので二一七〇年とされ、コンピューター断層撮影によっても検証されている。

種子島宇宙センター

屋久島登山を無事終えたわれわれは、正月三日目の早朝、各自のリュックや手荷物を持ち、まだ暗く肌寒い中をホテルを出ると、予約してあったタクシーに乗り込んだ。安房港六時半発のトッピーという高速艇に間に合うためには、家族を分けて往復する時間はなく、タクシーの運転手は一回でやってみようと言ってくれた。港までは坂を下ればすぐであったが、運転手を含む五人乗りに、一家五人がリュックを抱え、妻は四〇kgを越した小学六年の長男を膝に抱いて乗り込んだ。こんな朝早くから割の合わない仕事を快くやってくれた運転手に感謝を込めてわずかながらチップをはずんだ。

安房港は、まだ暗い早朝だったが、隣の種子島に渡る地元の人達が結構多く、こんなところでも携帯電話でしきりに話をしていた。港内の待合室で、ホテルでもらった朝食用の弁当を荷物になるのでと早々に済ませ、薄暗く冷たいコンクリートの船着き場に各自の荷物を抱えて足早に行くと、ライトに照らし出された高速艇トッピーが、軽快なエンジン音とともに、最後のわれわれを待っていた。

乗り心地は新幹線のようで、種子島方面からの日の出を見ながら、昨日の屋久島登山を思い出してみたが、体はおどろくほど疲れていなかった。妻と子供らは今日も朝が早かったこともあり、一時間半の乗船中、安眠をむさぼっていた。種子島の西ノ表《にしのおもて》港に着くと、慌ただしく行きかう人も多く、大型船も停泊している。われわれのレンタカーがすぐ近くの駐車場に停めてあるとのことで、捜すと白のカローラであった。ドアはロックされておらず、鍵はフロアーシートの下に隠してあった。同じ島でも沖縄では、こんな訳にはいかないだろうと思いながら、車内に置いてくれていた種子島の案内図を見ながら、国道五八号線を一路南下した。この五八号線というのは沖縄でも南北に走る大きな国道で、奄美大島やこの種子島を縦走して、鹿児島に至る、まさに海を渡る国道であった。

中学二年の次女は、小さい頃からサッカーをやり、最近では陸上のハードルで沖縄の大会記録を更新し、また朝鮮半島に関する提出物が県で表彰されるなど、文武に頼もしくなっていて、以前から向井さんなどの女性宇宙飛行士にも興味をもっていた。努力家でやさしいところはあるものの、怒らせると怖い存在でもあったが、将来は人類最高の栄誉である宇宙飛行士になってもらいたいなどと勝手に願っていた。ソテツ並木の多い、海沿いの町や漁村を鼻歌まじりにドライブしながら小一時間走ると、宇宙科学研究所＝ＮＡＳＤＡの標識が見え、閑散とした冬の畑を左折して南端の岬に着くと、まず「宇宙体験館」があり、まだ開いていないので最後に見ることにした。この体験館はロケットの発射や無重力状態みたいなことを体験できる所だということで、チャレンジ精神旺盛な妻までが期待していたが元は管制室で、ロケットの発射のまねごとをするだけで、迫力も何もなかった。芝生で整備された広場にＨ２ロケットの五〇ｍ位の実物がどんと横に置いてあり、宇宙服の人形のそばで、小人のようにみえる一家の記念写真をタイマーで撮った。開館時間とともに「宇宙開発展示館」に入ると館内は

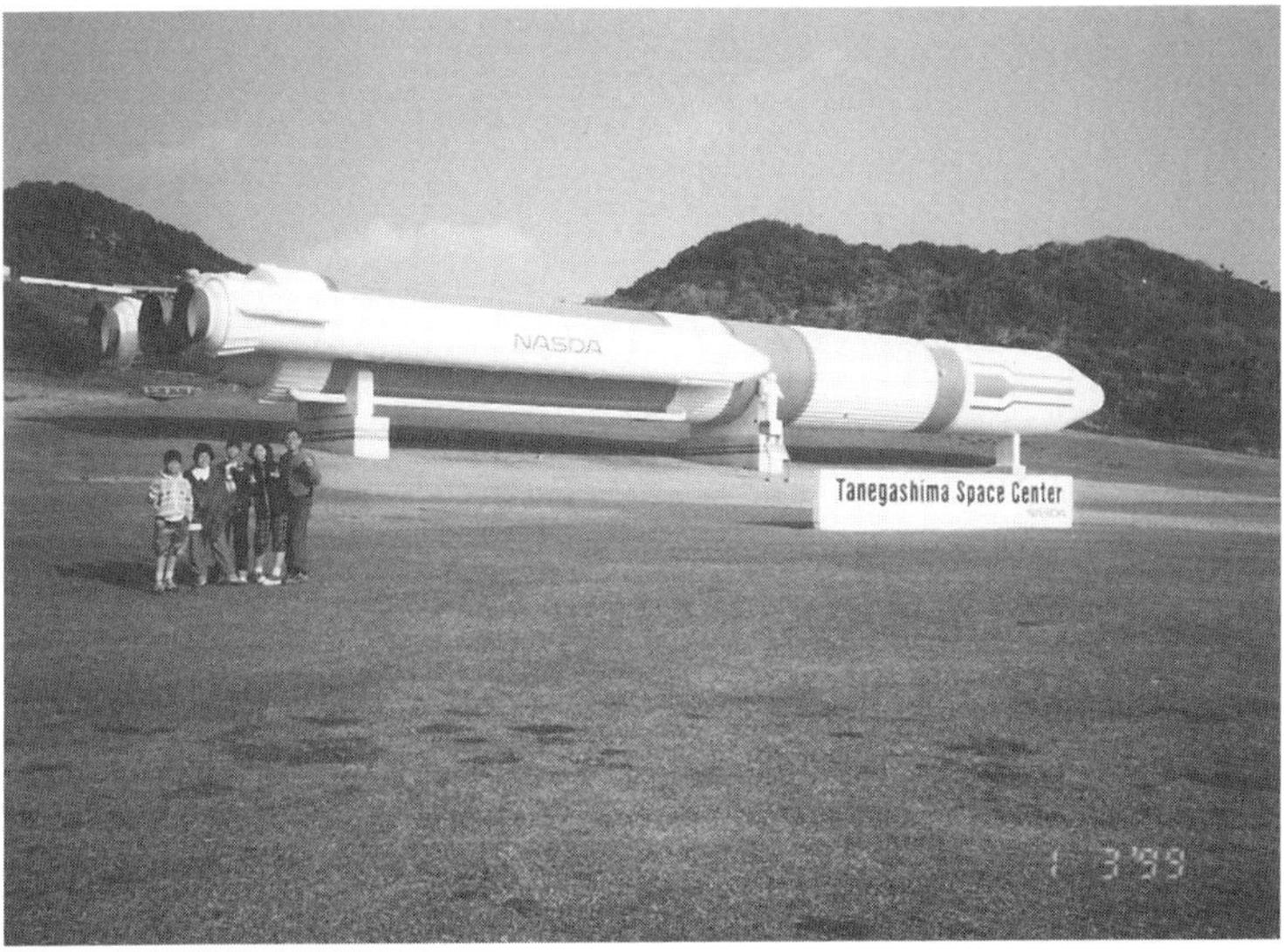

H2ロケットが大きいので小人のよう。

広く、人はほとんどいなかったが、ロケットの構造を本物の部品を使ったり、発射をシミュレーションしたり、かなり迫力があった。宇宙や無重力状態に関するコーナーもコンピューター仕掛けの工夫がしてあって、子供はもちろん、大人も興味をもって学べるものであった。宇宙少年団とかいう活動をすすめる案内板があり、妻は案内嬢に加入の仕方を聞いていたが、説明できる人がいなかったので憤慨していた。あっという間に二時間がたち、あの宇宙体験館に行くというので早々に後にした。帰りに展望台からH2ロケットなどの発射台を眺めていると、ボランティアの青年がやって来て、「あれはロケットの組み立て作業台で、レールにのせてあの発射台まで運び、あそこでは数百億円をかけて新しい発射台を建設中なんですよ」などの説明を一生懸命やってくれるので、日本版シャトル・ロケットが青い海を背景に、真っ白い噴煙を上げながら晴天高く登っていくのを想像することができた。

西ノ表港に戻り、「鉄砲館」への道を聞きながら、意外にモダンな街を車で走り抜けると、「種子島歴史資料館」があり、ここでポルトガル伝来の火縄銃が見られることが分かった。何十という大小の古式銃が整然と棚に飾られており、腕に抱えて打つ大砲《おおづつ》もあって圧巻であった。写真撮影は禁止なので私は遠慮していたが、他に人がいなかったせいか妻はビデオを平気で撮っていた。鹿児島行きの船の時間が迫っていたため、そこそこに西ノ表港に戻り、家族と荷物を降ろし、私はレンタカーを返しにいった。給油して返す時間もなかったので、事務所で精算するとすぐ港まで送ってくれ、素っ気なかった屋久島のレンタカーを思い出した。波止場には大きなフェリーが停まっており、乗ろうとすると、妻が私の背負子をかつぎ、乗船する人を掻き分けながら桟橋を降りて来てキップを渡してくれた。幼い頃の記憶に残る買い出しのおばさんのようで、頼もしく見えた。大きな船室にはゴザが敷いてあり、その上はすでに人が多く、あまりスペースはなかったが、とにかく荷物を置いてそれぞれ座り込んだ。リュックから山での食べ物の残りを取り出し、売店でカップヌードルなどを買って昼食をとっていると、船はすでに出港しているようであった。足を伸ばせるスペースもないのに私以外は横になって寝ていた。デッキに出てみると風が強く寒かったので、去りゆく種子島を見ながら屋久島のスーパーで買った紙パック入りのイモ焼酎をちびちび始めた。実にまろやかで、サツマイモの甘い風味があり、家族を離れて一人でほろ酔い加減になるのも悪くなかった。薩摩半島を左手に、大隅《おおすみ》半島を右手に見るようになると、いよいよ鹿児島かと思われたが、まだ二時間の船旅で、半分しか来ていなかった。暖かい船室に戻っても雑魚寝《ざこね》状態なのでデッキに戻ったりしていると妻がやって来て、私のベンチに座り、私の焼酎を飲み始めた。桜島が見えたのはすでに夕暮れで、鹿児島の街の光を見ながらの慌ただしく下船する人達とともに船旅は終わった。

明治維新の町、鹿児島

例のごとく中型タクシーに一家五人が乗り込み、市内にある法華会館というホテルに向かった。お寺さん関係で、和室で安く泊まれるとのことであったが、線香臭いこともなく小綺麗で、畳の部屋に荷物を置くと、すぐ近くの繁華街の天文館《てんもんかん》通りに出かけた。私は以前にも何回か来ており、郷土料理を食べさせる店を知っていたが、妻は食事にこだわるので少々プレッシャーを感じていた。歩けば分かるだろうと天文館通りをまず右に行き、今度は左に行くも見つからないのであせってきたところ、小さい案内板を子供たちが見つけてくれた。中は田舎作りで、カスリを着た年配の仲居さんが何人もおり、前に来たときも同じ人達であったような気がした。家族向きのコース料理を勧めてくれ、カツオと鶏のタタキは一皿づつ別にとると五切れづつにしてあり、大きな一切れを回しながら食べた。次女は遠慮しながらも炊き込み御飯をおかわりし、私と妻は沖縄と同じ黒い陶器に入った、お湯割りの白波を酌み交わし、皆、薩摩料理に舌つづみをうった。仲居さんらは、われわれが正月に沖縄からやって来て、楽しそうにしているので、家族の顔を一人一人見るようにして感心している様子で、私は家長として鼻が高い思いがした。天文館通りに戻って、ゲームセンターに入り、長男とスターウォーズをやったが、ものすごい臨場感があり、画面のスピードについていけず、こんな所にもコンピューター時代を実感した。後日談で、長男にはもっと勉強をするという約束で、三次元ディスプレイのファミコンを買わされたが、とっくに習っているはずのローマ字を教えようとしても反抗するので、買ったばかりのそのリモコンを投げて故障させてしまった。妻からも非難されるし、大損したと反省はしているものの未だに修理から戻って来ない。

翌朝はもう沖縄に帰る日になっていたが、いつものように朝早く目覚めた。まだ子供たちは寝入っていたが、妻は隣で寝たふりをしていた。市内観光の時間もあるので、布団をたたんで、洗面し、初めてまともな朝食をホテルでとることができた。リュック以外にも手荷物は多く、市内図では二㎞ほどの西鹿児島駅だったが歩くのは大変で、長女はバッグを引きずりながら、「まだー」と言いながら最後からついてきた。

やっと間に合った観光バスのトランクに荷物を全部入れて乗り込んだ。他の少数の乗容も揃ったところで、ベテラン風のバスガイドさんがマイクで話し始めた。この鹿児島は、その昔、わが琉球を支配下においた薩摩藩であったが、明治維新で、多くの非凡な人物を輩出し、また動乱に巻き込まれて兄弟や親友までが相まみえて戦った悲劇の地でもあった。反乱軍として、あるいは官軍として戦い、戦死した同郷の志士たちが一堂に眠る墓地は広大で、そこには無情な歴史に逆らえなかった多くの魂がさまよっているようであった。

「歴史資料館」は、私が昭和五四年に鹿児島を観光したときの記憶にはなかったが、中は劇場となっており、西郷どんや、大久保利通、木戸孝允といった勤皇の志士が、実物大の人形で登場し、口や手を動かして回想録風に、幕末から明治までの激動の時代をスクリーンに戦闘風景などを映し出しながら語る、三〇分ほどの一大スペクタクルであった。長女は高校生であるが歴史に弱く、むしろ次女の方がよく知っており、また長男はまだちんぷんかんぷんであったが、三人とも感動をもって歴史を勉強して欲しいと親心に思った。

城山で自決した西郷さんの洞窟の傍でバスを降りた。土産物屋の間を登るとすぐ展望台で、少し曇っていたが桜島の噴煙を見ながら記念写真を撮った。島津家の別荘を散策し、名物のダンゴとサツマイモのアイスクリームを食べながらバスに戻ると、バスガイドさんが市内観光はここまでとのこと。バスは空港行きのリムジン・バスが始発する西鹿児島駅まで行くことになっていると言うので乗って行くことにした。妻が天文館通りのショッピングに未練があり、途中で降ろしてもらいたいと言いはるので、ガイドさんも困惑していたが、荷物が多いので繁華街を歩く余裕はなかった。とにかくリムジンに乗り込み、少し時間は早かったが鹿児島空港に向かった。空港のロビーからは、雪を山頂に薄く頂いた霧島山と高千穂《たかちほ》が、枯れ草の丘陵地帯の彼方に雄々しく見えた。霧島山は〝大関だった霧島〟がその出身地の名をとって四股名《しこな》にし、

「西郷どん」の城山から鹿児島市街と桜島を望む。

高千穂は天孫降臨の山で、日本発祥の地でもあったと話してみたが、子供たちには少々、時代が古すぎるようであった。

　那覇空港に無事着いたのは夕暮れ時で、すでに正月の三が日もすぎており、学会出張以外に初めて年休をとったこともあり、団塊世代の私にはすこし後ろめたかった。たくさんの思い出を詰めたリュックをワゴン車にのせ、妻の運転で高速道路に入り、わが家に近づいたときはすっかり暗くなっていた。今回の登山と旅行の全てが予想以上の成果であり、車内で疲れて眠る子供たちを見ながら、家族として行動する意義を考えていた。

２章　エベレスト家族トレッキング

ヒマラヤ入山

私の勤める病院のチャンバーという高気圧酸素治療装置が老朽化したので、昨年の暮れから更新工事を行っており、また仕事がないわけではないが学会もシーズンオフで、ＪＩＣＡ《ジャイカ》の海外活動ともタイミングが合わず、この際どかっと年休をとって国外にと思い立った。おりしも保健学科との共同研究で低気圧環境下におけるトレーニングを始めつつあり、学生時代に山屋（山男）でならしたことを思い出した。稀薄な空気を体験できるヒマラヤのトレッキング（現地のガイドと六〇〇〇m以下の山を歩くことで、それ以上は登山として特別な許可が必要）は長年の夢であった。一方、痛めた膝の変形症は進行し、二度手術を受けた頸椎症も安心できず、せめて内臓が丈夫なうちにとも思うようになった。

昨年の屋久島家族登山で味をしめた妻には、ヒマラヤに登ろうと思っているが留守番してくれないかとわざと誘ってみると、一人では危ないからとのことで、結局、山なんかこりごりだという大学受験の長女を除いて、次女と長男も連れていくことになった。ガイド・ブックを見ると、エベレスト街道といわれる標高二八〇〇mの村から、エベレスト・ベースキャンプの五五〇〇mまでを二週間で往復するコースが最もポピュラーかつチャレンジングのようだった。今は厳冬期のシーズンオフであるが乾季で、日中は汗をかく程度ですみ、かえってトレッキングしやすいとのことであった。私以外はパスポートをすぐ申請し、ヒマラヤのトレッキングが専門らしい旅行社に早速、航空券から手配してもらった。高所に登るので高血圧や腎臓病などの持病があったり心肺機能が悪い人は即、命にかかわるとのことで胸写、心電図から呼吸機能、血液・尿検査まで自分で書き込んだ診断書を送らされ、われわれのトレッキング・コースを専属のドクターと相談して決めてくれた。それは標高四〇〇〇mにある最奥のパンボチェ僧院を七日間で往復するというもので、ベテランのシェルパがガイドし、ポーターとヤク（高山の毛の長いウシ）がテントや食料など一切を運び、料理専門のコックも付き、高山病に備えて酸素ボンベも持って行くという王様気分の登山であった。羽毛のシュラフ（寝袋）をレンタルし、救難ヘリの代金まで出る登山保険に入らされ、ネパール往復の航空券を合わせると一人二五万円となったが、トレッキング中の食事や人件費、カトマンズの高級ホテル二泊など全てが含まれ、考えようによっては安かった。子供たちの学校を休ませるのには少々抵抗もあったが、次女は高校の推薦入学を決めており、中一の長男はバスケばかりで勉強嫌いなためヒマラヤの霊峰を見せて人生観が変わればという切実な気持ちもあった。私は五年前に病院内でタバコを吸えなくなり、ニコチン・ガムで禁煙させられたが、妻にも禁煙してジョギングするなら連れて行くとプレッシャーをかけた。

二月六日（日曜）

朝六時半に起床。朝食をそこそこに済ませ、前日までにパッキングしておいたリュックサックを妻の妹の小型車に積み込んだ。三人は後ろで、私は助手席でたくさんの荷物を抱え込んだため小型車のパンクが心配だった。那覇空港を発ち、機内で子供たちがやっと勉強を始めたかと思うとすぐに関西空港着。国際線フロアーの一角にあったロイヤル・ネパール航空（日曜と水曜の週二往復のみ）に荷物を預け、税関を通り空港の外れにある搭乗口で待っていると国際線にしては小さくみすぼらしい飛行機が入ってきた。降りてきた人達の中にはインド系の人もおり、この機が一時間足らずでネパールに引き返すことを知った。機内はかなり使い込んだようで、座席はエコノミーだったが、その狭さに驚いた。午後一二時三〇分、飛び立つのが少し不安だったが、しばらくすると民族衣装をまとったネパール人女性のフライト・アテンダントが飲み物を、続いて機内食を持ってきた。日本で調理されたまずまずのもので、フリーで飲めるビールやワインが気に入った。上海経由で、安い燃料を補給するためらしいが、降ろされた空港ロビーを回ってみたものの中国人の店員らは無表情で、外の景色も殺風景であった。アテンダントの勧めるワインを妻と飲んでいると、三時間一五分遅れの時差で雲海の中に日が沈み、飛行機は着陸態勢に入った。村々の黄色い灯がまばらに見えてきたが、市街になっても道路や自動車の明かりはほとんどなく、照明の乏しい滑走路のネパール空港に着いた。現地時間は午後六時三〇分で、他の飛行機は滑走路の脇に二、三機停まっていたが、暗闇の中をぞろぞろと歩かされた。税関ロビーでは、良い人か悪い人か分からない浅黒い人が、英語らしい言葉でどこに泊まるのかと話かけてきたが、半分わからない顔をし、半分無関心を装い、ノービザの列に並んだ。ビザの発券も簡単で、インスタント写真を付けて、一人三〇ドル払えばOKであった。われわれのリュックサックがちゃんと四つ出てきたのは嬉しい驚きで、妻は照合札がどうのとこだわったが、自分の荷物をさっさと持って行くのが外国の常なので、カートに乗せ、日本の常識からすればほとんど真っ暗な屋外に向かった。来客のプラカードを持った人達が待っており、すぐわれわれの旅行社のものを見つけた。「イノウエさんですか？」とラクパという人が迎えてくれ、ずいぶん昔に見た『王となった男』という、大英帝国の軍人がチベットを征服する壮大な映画に出てくる忠実なグルカ兵のイメージで、なまりのない日本語を話し、すぐ親しみと安心感を覚えた。中古の大型バンに家族四人が乗り込み、ラクパさんは後方の荷物置きから明日からの予定やカトマンズの様子を説明してくれ、運転手はインド系で愛想顔をしていた。舗装もはがれ、信号機もない道路をビービーとクラクションを鳴らしながらカトマンズの町に入ると、バラック状態の店が、狭い凸凹道の両側にぎっしり並び、いかがわしそうな男たちが裸電球の店舗にたむろしていた。王宮通りにはわれわれの西遊旅行社のネパール支店があり、ロイヤル・シンギ・ホテルは少し入った所にあった。立派な玄関からボーイが飛んできて荷物を部屋まで運んでくれたが他人の荷物まであったので驚いた。部屋は隣合った二部屋で、間のドアから出入りできるので家族には好都合であったが、シャワーは濁って鉄臭く、なかなか流れないので妻はこんなデラックスなホテルなのにと御不満であった。

二月七日（月曜）

○階（イギリス式で一階のこと）のレストランには年配の日本人客らもいて、服装から察するに、初心者向けのアンナプルナ方面のトレッキングに行く様子だった。バイキングの朝食をとって出発準備を整えると、ラクパさんがすでにロビーで待っていた。パスポートと帰りの航空券は預かってリコンフォーム（予約の確認）しておくとのことで、準備していたパスポートのコピーをビデオ・ケースの底に入れ、昨日のバンで空港に向かった。少し見慣れたせいか、昨夜ほど道の悪さや通行人の風体などは気にならなかったが、国内線はさらに粗悪な建物で、人と荷物、係員を含めて訳の分からない人達やチップ目当ての子供などで混雑し、ラクパさんがいなかったら途方に暮れていたはずである。荷物の計測のときに、われわれが使う寝袋や酸素マスクとボンベ、それにわれわれに関係のない大きな袋やダンボールがわれわれの荷物としてちゃっかり積み込まれていた。さらに手荷物としてトレッキング中に食べるトマトと卵を子供たちがそれぞれ大きな袋に入れて持たされたが、結局トマトは食事に出てこなかった。滑走路は霧で一機も離陸できず、案内板はなく、アナウンスもなまりのある英語で、ロビーで不安げな多国籍の旅行者らと待機していたが、濃霧はおそらくポンコツ車がまき散らす排気ガスによるスモッグだったのだろう。二時間ほど待って気温が上がると滑走路と大小の飛行機が見えてきた。お笑いのルワンダに似た係員が、われわれをバスに乗せ、飛行機へと運んでくれた。一三人乗りという不吉な数字の小型機にかがんで乗り込んだ。女性アテンダントが飴玉と綿菓子の乗ったトレイを差し出し、子供たちはこんなところで綿飴《わたあめ》だと口に含んだが、ただの耳栓用のコットンだった。乗客はわれわれ四人だけで、乗客が少ないといろいろな理由で欠航になることも多いとのこと。双発のプロペラがものすごい音と振動を発し、二人のパイロットのずんぐりした背中を見ながらあっという間に離陸した。段々畑や蛇行する川を見ていると遠方に雪をかぶったヒマラヤ山脈が雲の間に見え隠れし、山間《やまあい》を有視界飛行で雲をよけながら進む。すぐ下には雪が薄く積もった樹林帯がせまり、前方に地肌の斜面が近づいてきた瞬間、ガタガタと土の斜面を機体が駆け上がった。スピードを落とす間もなく、正面の山を避けて右に回り込み、石垣に囲まれた広場に止まった。インディ・ジョーンズの世界だった。ここは標高二八〇四ｍのルクラで、数十軒のロッジや茶店からなり、飛行場ができてからはエベレスト登山の起点となっていた。出迎えてくれたビルさんは、糸満チュ（沖縄本島南部の人）を赤黒くしたような人で、四〇歳位と思ったら二八とのことであった。す

神聖なマニ石は左側を回る。

ゾッキョはヤク（チベット牛）と黒牛の合いの子で働き者なのだ！

ぐお辞儀をする日本人の習慣を身に付けたビルさんに、われわれも早速おぼえたナマステ（アロハみたいに何にでも使える）とダンニャバード（ありがとう）を連発していた。女性がタライで髪を洗っているそばからロッジに入ると、ダライラマ（ラマ教の大僧正で、チベットからインドに亡命している）の大きな写真と、国王夫妻らしい小さな写真がかかっていた。木のテーブルを囲んで、ポーターらが作ってくれたナン（ベタ焼きのパン）や腸詰めソーセージなどの昼食に舌つづみをうち、熱い紅茶とスキムミルクに温かい人情が伝わってきた。今日は四時間の行程とのことで、休む間もなくビルさんを先頭に次女、長男、妻と続き、私がしんがりでルクラ

野菜餃子やピザは日本人にも十分いける！

の町を迂回しながらトレッキングが始まった。その私たちが発つ前には、ゾッキョ（気の荒いヤクと牛の合いの子）二頭に私たちの重たいリュックサックやテントなどをのせた二人の先発隊が、またわれわれが発ったあとからは四人が、食器を洗って大きな籠に入れ、私たちを足軽に追い越して行った。村はずれにあるラマ教のマニ石（魔除けの積み石で、左を歩かないと罰があたる）や尖塔仏門（鬼門であり、中で両手を合わせる）を過ぎ、エベレスト源流のドゥードゥコシ川沿いまで下り、沢を越え、木や鉄の吊橋を渡ると、出発から三時間で第一日目の宿泊地パグディンに到着した。そこのロッジの一室で休んでいると、すぐに若いポーターが紅茶の入った熱い大きなヤカンを持ってきてくれ、体が暖まると、「ヒマラヤに来たんだ！」という感慨が込み上げてきた。子供たちは窓際で教科書を広げ、シェルパのガイドと来ている初老のアメリカ人女性と話をしたりしていると、すぐに谷間の日暮れがやってきた。モモ（野菜を包んだ餃子）やチーズを使わないピザのようなチベット・シェルパ料理に舌つづみをうち、持ってきたポットに入ったブランデーを食後に現れたビルさんにも分け、満たされた気持ちで、ロッジの庭に設営してくれた二つのテントに親子に分かれて寝ることにした。シュラフはきれいな毛布で裏打ちされていたが、南国でなまった体には零下一〇度の気温は過酷で、ジャケットなど全部を着込んでも体の震えで何回も目を覚ました。トイレは凍りついていたが、マスクをしても臭気が強烈で、目の前の箱にくしゃくしゃの紙が入れてあったので使おうとすると既に使われたものであった。それでも夜空の星はこんなに数が多く、きらきら輝き、天の川までくっきり見え、流れ星まで降ってくる!!　寒そうにかがんでテントから出てきた妻と感動を分かち合った。

二月八日（火曜）

朝六時半。若いキッチン係がわれわれのテントのチャックを開けると薄明かりが入り、「ティ・タトパニ」と言ってコップに入った熱い紅茶と、洗面器に入った熱湯をテントの中にさし入れてくれた。紅茶で体を暖めて、寝袋をたたみ、歯を磨き、耳や首の後ろまでお湯で洗うと朝風呂に入ったような気持ちになった。直ぐ朝食で、遅れて起きた子供たちも、隣の会食用テントのマットに座る。鍋の蓋を開けると湯気の出るオカユが入っており、外米の臭みもなく、持参したフリカケや乾燥梅干しで美味しく食べられた。ホットケーキもあり、濃厚な蜂蜜をかけると口の中に春の香りが残り、貴重な卵焼きは新鮮であった。

食後すぐの出発で、私はナップサックに家族の雨具やスパッツ（靴につける雪避《よ》け）などの共同装備、自分の防寒具、それに温かい紅茶の入ったポットや副食のチョコバーと黒糖ジーマミ（ピーナッツ）を入れ、登山用スティックを持ってトレッキング・スタイルを決めた。妻はマフラーで頬被りをし、厚手の防寒具で着膨れ状態である。長男はすぐ大きくなるからとブカブカのバッシュを羊毛の靴下を重ねてはかされ、次女はコンタクトレンズや日焼け止めなどの〝お年頃グッズ〟をナップサックに詰め込んでいた。左にそびえる白いクンデの雄峰が朝日を浴びて赤く染まる中、川沿いを登り降りし、長くて狭い吊橋を何度か渡りながら上流に向かった。三〇分ごとに私はポットの熱くて甘い紅茶を飲んだが、私以外はアルミ水筒の冷たくなった砂糖なし紅茶を好んで飲んでいる。時に数軒のロッジからなる村々で出されるホットティを飲んで一息入れ、水分の補給と休憩により高山病の予防に努めた。銃を肩にしたインド系兵士二人が立つチェックポイントでは、ビデオを持っていると一〇〇ドル取られると驚かされ、必死に隠してパスポートのコピーを見せて入山料のみを支払った。木造の検問所内に一九九九年度の入山者数が手書きされており、一月と二月は七、八〇〇人程度で、三月、四月は三〇〇〇人以上になり、雨期の後の秋もシーズンのようであった。今は人が少ないのでのんびり登山できるが、シーズンになると狭い山道では人やヤクのすれ違いや女性の小用が大変で、ロッジも人で一杯になり、そのかわり高山植物が咲き乱れるとのビルさんの話で少し残念であった。一〇〇mにおよぶ鉄製の吊橋のはるか下の激流を見ながら渡るとジョルサレの部落に到着した。ロッジで食事をしていた外人さん達が出発したあと、樹林の中で沢音を聞きながら、ナンと卵焼き、人参とキャベツの千切りサラダで腹を満たした。ここからナムチェ・バザールまでの六〇〇mの急な登りにかかる。別のパーティ（登山者

長〜いドゥードゥコシ川の吊橋を渡る。

達）の荷物を担ぐポーターやヤクに追い越されながら、三〇〇〇ｍの空気の薄さを感じつつあった。四〇度もあるような勾配に立ち休みを入れながら二時間ほど喘ぐと、少し勾配の緩やかな尾根伝いの道になり、初めてエベレストが遠望できる地点に立った。すると急に霧が濃くなり、雪も降り出して周りの山も見えなくなってきた。体が冷えないうちにジャケットを裏返して防水にするなどして、最後の登りにかかり、やっと樹林帯を抜けると人家が現れた。道脇のツララが珍しいので次女が折ってなめようとすると、二階から女の人が大声で注意するのでハッとしたが、畑の水が凍ったもので、「赤痢になるよ！」と叫んでくれたのだった。感謝のお辞儀をすると笑顔が返ってきた。念のため私たちも正露丸を飲んだが、おえっとなるクレゾール臭だった。薄暗くなりかけたナムチェ・バザールに到着したが、すでにカラパタールというロッジの裏庭にテントが張られ、われわれの重いリュックサックも入れてあった。ロッジの休憩室兼ダイニング・ルームにはガラス窓があり、その光のもとで子供たちは勉強にとりかかった。夕食のモモ（野菜餃子）には、ロキシーという焼酎が合ったが、体調のせいか少しメチルの味がした。トイレには豆電球がついていたが、やはり悪臭と汚れは文明の恩恵にどっぷり漬かったわれわれにはきつかった。防寒衣を着込んでシュラフに潜り込み、お湯を入れたアルミ水筒を抱くと寒さはあまり感じなかったが、睡眠剤でやっとウトウトできた。妻は隣で、厳冬の標高三四四〇mの夜長を眠りこけていたが、早朝にテントの外にでると身を切る零下二〇度の世界だった。

高山病との闘い

二月九日（水曜）

今日は高所順応日で、朝はゆっくり八時に起床し、会食用テントでいつもの温かいお粥とホットケーキを大きなヤカンに入った紅茶で平らげ、家族は皆、体調も良好であった。テントや寝袋はそのままにして、ちょっとした足ならしということで、一〇時には全員で、ガイドのビルさんを先頭にシャンポチェの丘に向かった。このナムチェ・バザールはエベレスト街道の拠点で行商の要所でもあり、毎土曜日のバザール（露店市）にはチベット人が一週間かけてヒマラヤを越えてやって来るとのこと。空気が希薄な高所では日差しは強烈で、皆、サングラスをかけたが、妻はマフラーで光を遮い、次女は日焼け止めを塗り込んでいた。風は強いが空気抵抗が少ないことに気づき、大きく息を吸い込んでも希薄な感じであった。南に面したほとんど六〇度の急坂をジグザグに登り、ロッジが何段ものテラスに肩をならべた盆地を見下ろしながら小一時間登った。枯れた草原のシャンポチェの丘に立ち、二〇度位の傾斜をつけた地肌の滑走路を横切ったが青すぎる空には機影はみられなかった。なだらかに登っていくとクンデの診療所とエベレストビュー・ホテルの分岐があり、このあたりで長男が頭痛と気分不良を訴えたので、私は診療所で高山病の話を聞きたかったが、帰途にあるホテルに向かった。世界的にも有名なホテルで日本人経営らしく、シーズンにはシャンポチェの飛行場から観光客がやって来るが、心臓発作を起こすこともあるという富士山頂の高度にあり、丘の上でヒマラヤ杉に囲まれていた。長い石段を登ると都会のホテル並みで、杉作りの玄関があり、シェルパ族の従業員らがビルさんを含めたわれわれを展望のきく食堂に案内してくれた。エベレストが大きな窓を通して遠望できるはずであったが、雲がかかり、気温も低くなり始めていた。ピラフやパスタ料理などを急いでかき込み、長男は暖炉にくべられたマキのそばで頭痛と吐き気をこらえていた。体が暖まったところでホテルを後にしたが、長男はビルさんに抱えられてヨロヨロと下山し、何回もしゃがみ込んでもどした。テントに戻ったわれわれは、皆多かれ少なかれ同様の症状で、長男と妻はすぐ寝込み、私と次女とで夕食をとることになった。ビルさんにも来てもらい、ロッジで買ったビールを一緒に飲みながら、なんとかいつもの半分を押し込んだ。もし妻と長男が明朝も食べられないようであれば、二人をテントに残して私と次女とでタンボチェまで登り、あるいは二人の容体が悪化すればポーターらとジョルサレまで六〇〇〇m下りてわれわれを待たせることも考えた。

二月一〇日（木曜）

夜がうっすらと明けかけると、ティ（紅茶）とタトパニ（タライに入ったお湯）がテントに運ばれ、妻と長男はなんとか起き出しておかゆを少し食べることができた。長男には前日から頭痛薬と利尿剤を飲ませていたが、夜半

左はカテンガ（6779m）、右はタムツェルク（6608m）の鋭鋒。
左の長男の頭上はるかに鷲が2羽舞っている！

に妻にも服用させると利尿がつき、顔のむくみも少しよくなっていた。利尿剤はラシックスを飲ませたが、ダイアモックスが高山病の特効薬であることを後で知った。午前中はタンボチェへ向けてなだらかな斜面を登り、晴天のもと初めてエベレストを遠くに見ながらビデオを回した。私と次女は快調であったが、長男はまだ頭痛が残り、ときに足元がふらつき、妻は私の前で息を喘ぎながら時々立ち止まっていた。沢を渡るプンキの部落で三二五〇mまで下がり、先回りして作ってくれたランチのお陰で、皆なんとか体調が回復したようだった。早々に最後の難関である六〇〇mの登りにかかった。急坂ではないが、灌木と瓦礫の山道を皆喘ぎながら登り、水分の補給と立ち休みを繰り返した。すると妻が急にさっき休んだところに父の形見の目出し帽を置き忘れたと言い出した。戻ろうとするので引き止めているとビルさんがさっと下っていった。一五分ほど休んでいたら、下からピューと口笛がして、ビルさんが毛糸の帽子を後ろに隠しながら笑顔で登って来たので、妻はそれを察して大喜びであった。登り二時間あまりで、灌木を抜けて台地に出た。タンボチェ部落のマニ石を左に回ると、山奥にしては立派な僧院が高台にあり、われわれは少し下のロッジ横にすでに張られているテントに転がり込んだ。ロッジは一軒しかなく、外人のトレッカーで賑わい、英語以外にドイツ語やフランス語も聞かれた。Kさんという初老の日本人（実は私と同じ年だった）もシェルパと一緒に来ていたが、これ以上はきついので明日は下山するとのことであった。われわれは富士山頂より一〇〇ｍも高い、標高三八六七ｍにいるわけで、寒さと疲労、そして頭痛と息苦しさから直ぐ寝袋にもぐり込んだ。夕方の六時は薄暗く冷え込み、会食用テントに呼ばれたが、次女までも起きて来られず、私は野菜ピザを半切れかじったが、チャルメラ・ラーメンに似たジンジャースープの匂いでむかつき、メタル・カップのスキムミルクをのどに押し込みながらビルさんと相談した。もし私も含めて朝食もとれないようであれば、秘境のパンボチェは諦め、撤退せざるえないと思われた。

タンボチェの丘にあるチベット仏教の大本山。一度火災にあった。

二月一一日（金曜）

ついにわれわれが目指す最高所である、パンボチェまで行けるかどうかの朝が来た。隣の寝袋で寝ていた妻は熱い紅茶が運ばれても起きることもできず、横になったままでぜいぜい息をし、顔のむくみも目立った。下にしていた右の肺に水が貯っているようで、重くて起きられないと言い、また子供たちも起きて来ないので今日を最後に下山かと思った。しかし三〇分ほどすると妻が前屈みで、木の杖をついて用を足しに行くのが見られ、子供たちも起き出し、口数は少ないながら朝食も一応、皆でとることができた。出発は遅れて九時になったが、まずここのタンボチェの僧院を訪れた。一人の高僧と数人の若い僧、そして無邪気な小僧さんが一〇人ほどおり、皆愛想がよく、靴を脱ぐとお堂の中まで入れてくれた。ラマ教ではあるが、少し派手な色彩のお釈迦様の前に正座して両手を合わせ、今日の登山の成功を祈り、ドネーションと書かれた賽銭箱に一〇ドル紙幣を入れた。空は雲一つなくコバルト色で、零下の薄い空気を貫く強烈な光もわれわれの挑戦を拒むものではなかった。遠くに見えるエベレストは、なだらかな丘陵をいくら歩いても近くにならなかったが、右手にはタムツェルク、その奥にはアマダブラムの六〇〇〇m級の万年雪を頂いた険峰をビデオとカメラにおさめ、息が切れるのも忘れた。この辺りは灌木のみで、岩には苔がむし、よく見ると四〇度もある斜面に無数の小路があり、ヤクが放牧されているのに驚いた。少し下ったあと、小さい沢にかかった木橋を渡り、三〇〇〇mの高度を希薄な空気を実感しながら登り返し、三時間で数軒の人家と小さい寺院からなる、人が住む最奥の村パンボチェ三九八五mに到達した。あと一五m上がれば四〇〇〇mとのことで、ビルさんが頼んでお寺に入れてもらい、木の段を登った。ほとんど真っ暗なお堂に、前屈みで小柄な高僧らしき老人が太鼓を叩いて祈祷しており、その中でわれわれも座って両手を合わせ、ここまで登って来られたことを感謝した。保管されていると言う雪男の頭皮を見たかったが、三年前から失くなっており、どこかで遺伝子分析されているはずと原人好きの私は願った。茶店でティを出されたがタバコの葉を煎じたような味がした。タンボチェに足早に戻ると、われわれのポーターらが遅くなった昼食を作って待っていた。ロッジのテーブルでは日本人の家族ということで多国籍の登山客が珍しがる中、食欲も皆出てきたようであった。今日は高山病から解放されるためビルさんと相談の上、六〇〇m下って標高三二五〇mのプンキで宿泊することにした。一気に下ったが、われわれのポーター四人が大きな籠を背負って、シェルパ語で歌いながら追い越し、沢沿いの部落に着く頃にはす

遥か彼方のエベレスト（左、8848m）とアマダブラム（右、6812m）をタンボチェの丘から望む。

パンボチェの最奥の寺院で、ここまで来れたことに感謝し合掌。

でに張られたテントのそばで夕食の野菜を洗ったりしているのが上から見えた。タンボチェは吹き曝《さら》しでかなり寒かったが、ここは谷あいの樹林帯で沢の音も遠くに聞こえ、風もなく暖かく感じられた。茶店からサンミゲール（フィリピン製ビール）を一本二〇〇円位で買い、ここまで担いでくる労賃はどうなっているのかと思いながら一本をビルさんにあげ、妻とテントの中で、いつも沖縄のキャンプでワインを飲む真鍮のカップに冷たいビールをそそぎ、今回の登山の成功を祝った。夕食にはやっと家族がそろったが、食欲はいまいちで、体力が回復するというガーリック・スープを作ってもらい、ビスケットとで夕食とした。

二月一二日（土曜）

熟睡後、おなじみになった「ティ・タトパニ」の声で目覚めた。今日からは帰り道で、四〇〇〇ｍに家族で挑み、やりとげたという満足感もあって、おなじ朝食メニューであったが、新鮮で実にうまかった。今日は土曜なのでナムチェ・バザールで青空市場が立ち、ポーターさんらも買い物があるかもしれないと、このトレッキングのチップをビルさんに渡した。われわれも見ておきたかったので急いで出発した。ナムチェまで登り返しが二〇

○mあるだけだったが、次女は歩きながら二ノ宮金次郎よろしく英単語などを覚えているのに長男はその気にもならず、親のやきもきが長男を膨《ふく》らせたのかまともに歩かないので、ビルさんも困って一緒に歩いてくれた。買い物を終えてか荷物をいっぱい背負ったヤクが何頭も向こうからやって来たが、バザールの終わる昼までに着けなかった。それでもナムチェには食料を主に売るネパール系と、中国製衣料を商うチベット系のバザールがまだ開かれ、次女はルピーの小遣いを持ってお土産を捜し、妻はレンズ豆や珍しい香辛料を買い、長男は気を良くした。私は靴下が汚れたので毛糸の分厚いのを買ったが、手編みのブカブカで、日本で使える代物ではなかった。ロッジで遅くなった昼食の後、往路にジョルサレから登った胸つき八丁も一気に下りた。エベレストが見えるはずだった地点では今日も雲で見られなかったが、タンボチェからの帰りに見た最後のエベレストを心に描いた。世界最高峰のエベレストは、初めて望んだときと変わらない感動を秘め、凍りついた巨大なヒマラヤの山々を従え、刃物のような稜線が強い偏西風を受けて雲を引き裂き、コバルト色の空を背景にその偉容を誇っていた。家族が吊橋を渡るのをビデオで撮っていると、ナムチェで買い物をして来た検問所の兵士に見られたが、持ち込み料はとられずに済んだ。四時にはモンジョに着き、山間なのですでに薄暗く、ここがテント生活の最後となるという一抹の淋しさもあった。ビルさんがロッジでドブロク（濁酒）を作っているとのことで味見のつもりで一本頼んだが、ほとんど酢でアルコールの味がせず、暗い納屋で料理を作っているポーターさんらに持って行ってあげた。今日の夕食は豪勢で、コックさんがヤクの塩漬け肉を村の人から買い、油で揚げたステーキを堪能した。われわれがシュラフに潜り込んでからも、ポーターらの納屋からは明日はルクラに帰れるとのことでドブロクも入ってか、異国情緒の歌と笑い声が外の寒気を通して聞こえていた。

二月一三日（日曜）

トレッキング最後の日となり、朝から快調に飛ばし、吊橋を渡るごとに沢幅が広くなり、昼食は初日のキャンプ地のパクディンでした。ルクラへの登りを難なく終えると、山の斜面にはラマ教の呪文が書かれた布が無数にたなびき、傾斜した土の滑走路を横切り、登山用具がかかったルクラの商店街をヤクの糞をよけながら通り過ぎると、例のダライラマの肖像がかかったシェルパ・ホテルに着いた。ナムチェではなんとかシャワーに入れたが、ルクラではビルさんらの努力にもかかわらずお湯が出ず、この地域のトイレは床の真ん中に前方後円墳みたいな窪みがあり、取っ手もないのでどちらを向くのかわからなかった。夕食後、世話になったビルさんら七人を暖炉のある部屋に呼んだ。ちょうど妻の誕生日ということもあり、いつも無口な若いコックさんがこの時は嬉しそうにメタルの皿にスポンジケーキをのせて持ってきてくれた。ビールを皆にふるまい、「Happy birthday to you」を合唱し、お別れ会は盛り上がった。日本のバーゲンで買った防寒コートやズボンをポーターらにあげ、私はビルさんに新品のサバイバル・ナイフを記念に渡した。ビルさんはシェルパの風習で、また会えることを願い、絹のスカーフを家族一人一人の首にかけてくれた。ここの主人は某大学の登山隊が雪崩で遭難したときに救助隊を組織したそうで、日本に招待された時の写真を嬉しそうに見せてくれた。タイマーで撮った全員の写真が楽しみである。

〈ミニ知識〉高山病

高山病（Acute mountain sickness）とは、二五〇〇ｍ以上の高所で、希薄な空気にさらされると起こる低酸素症候群（Hypoxic syndrome）である。エベレスト・ベースキャンプの標高五四〇〇ｍでは酸素濃度（正しくは分圧）が海抜〇ｍの二分の一となり、エベレスト山頂八七七六ｍではおよそ三分の一となる。一回の呼吸で摂取する酸素量が低下するため、呼吸数が増加し、心拍数も上昇する。動脈血酸素飽和度（携帯用パルスオキシメーターで測定）の低下により体内に水分が蓄積され、とくに肺水腫（High altitude pulmonary edema）や脳浮腫（High altitude cerebral edema）が進行すると心肺不全から昏睡に陥る。したがって世界最高峰の征服は高山病との闘いでもあった。近年、中高年の登山ブームなどで内外の高山に登る人も多くなり、われわれも高山病と疎遠ではいられなくなった。

高山病の初期症状は、頭痛と不眠、食欲不振、顔などの浮腫《むく》みであるが、個人差がかなりあり、運動能力にかかわらず、体調を整えて登れる人が罹りにくいといわれている。高山病の特効薬とされているのが利尿剤のダイアモックス（Acetazolamide）で、アスピリンとの併用で高山病を予防できるとの報告もある。高山病になると酸素吸入は一時しのぎにすぎず、症状が軽減するまで高度を下げるのが一番で、重症にはステロイド（副腎皮質ホルモン）を投与し、高気圧チャンバーやガモフ・バッグ（一種の寝袋で、フイゴで加圧し、二〇〇〇m相当下降できる）で応急治療するが、下山が鉄則とされる。一方、高度に順応（Acclimatization）すると呼吸数や心拍数は減少し、動脈血酸素飽和度が増加するが、三〇〇〇mで高度順応日をとり、三六〇〇m以上では一日の標高差三〇〇〜四五〇m以内で登ることが必要で、五〇〇〇mではほとんどの登山者が程度の差はあるが高山病に罹る。

カトマンズを歩く

二月一四日（月曜）

われわれ四人のトレッキングの起点であり、終着地でもあった二八〇四mのルクラを発つ日、午前八時にチェックインしたロイヤル・ネパール航空の小型機が、二時間遅れて四機目にやっと、すごい砂埃とともに山の斜面をせり上がってきた。ビルさんらはテントを干したりしていたが、待ちあぐねたわれわれをねぎらうかのように顔を見せ、次女が若いポーターらに、覚えた名前を呼ぶと嬉しそうにはにかんでいた。

カトマンズ国内線には風体の良くない男たちがたむろし、私はチップの小銭がなく困っていたが、妻はわれわれの大きな荷物を二つ三つ抱えて歩きだし、荷物を持とうとする男たちと、手を差し出す子供たちを振り切って行った。その後を次女と長男がつづき、私は遅れまいと駆け足で外に出ると、現地ガイドのラクパさんを見つけた。荷物をバンに積むと、同じロイヤル・シンギ・ホテルに送ってくれ、明日の夕食にはラクパさんがネパール料理と民族舞踊の店に連れて行ってくれるとのことだった。子供たちと隣合わせの部屋に戻り、とにかく濁った水のシャワーを浴びて一息ついていたが、午後二時をまわっていたのでガイド・ブックを片手に町に出て、近くの中華料理店でたらふく食べた。しかし妻がチップをはずむようにとの私を無視するので腹立たしく、一人先に立ちダルバール広場に向かったものの、その門前で妻は逆切れして子供を連れてホテルに帰ってしまった。ダルバール広場にはネパールの原色の衣装で着飾った何百もの若い女性が赤黒い建物の前にしゃがみ込んでおり、クマリという神がかりした巫女にあやかろうとしているお祭りであった。早く歩かないと手に手に木彫りの象とか、木製のフルートを持ってキャッチ・セールに来るので、そこそこにビデオを撮りながら広場を離れかけたが、タンボチェのロッジであったKさんの白髪が見え、やはり一人なので小さな店がびっしり並んだ商店街を一緒に北に向かった。Kさんは旅行社に勤めていたが四年前に辞めたそうで、奥さんが保育所をやっているので左団扇《うちわ》の上、うるさい子供もいないので時々ぶらっと外国に出ると言う羨ましい人だった。入った本屋はインド人の経営らしく立派で、内田良平氏のエベレスト・トレッキング写真集や、探していた『Seven years in Tibet』や雪男に関する本を安く買い込んだのだが、女性店員はドルへの換算もできないので、向かいの換金所

(Exchange)でルピーに換金しなければならなかった。一畳ほどの香料店でKさんに勧められたサフランという紫色の乾燥した花芯みたいなのを、一五ドルは少し高いと思ったが買って帰ると、妻に日本では一万円はすると言われた。Kさんのホテルにも寄ったが、そばの部屋にいた日本人女性はフリーターのようで、よくネパールに来てはトレッキングするパートナーを探しているとのことで、私もここに長居すると公務員をやめたくなるだろうと思った。二階がテラスになっているレストランでビールを飲み、下の雑踏を見ていると、若いのに物乞いしている足の不自由な人や、空き缶を前において座っている老人、赤子を抱えた母親なども多く、自分が食べていくのが精一杯の社会で、警笛を鳴らす車やオートバイの人はかなりリッチなのだろうと思った。夕暮れになる前にKさんとも別れ、磁石を見ながら東に歩き王宮通りに出ると、交差点の真ん中に警官のお立ち台があり、手を振って交通整理をしていたが、どの車も勝手に走り、人も数人がかりで体を張って道を渡っていた。ホテルに帰ると暗くなった部屋で長男が勉強しており、すぐ妻と次女が帰ってきたが、お互い何事もなかったように振る舞った。大通りに面した「Indian cuisine」(高級インド料理)と書かれたレストランに入ると妻と私はシェリー酒の上等な香りで喉を潤しながら、様々なマサダ・カレーなどを注文した。体調が回復したわれわれはインド人もびっくりするほどよく食べ、食後には匂い消しの木や石の香辛料も出されたが、店を出るときの支払いはわずか三〇〇〇円程度であった。夜、ホテルの外がラッパや太鼓の音で騒がしいので窓から見ると結婚式の行列で、車も渋滞していたが翌日も朝からテントを張ってやっているので驚いた。

二月一五日（火曜）

いよいよネパールも最後の日となった。朝食後、ホテルを出るとタクシーが停まっていた。人のよさそうな運転手の車に乗り、午前中、市内観光をしたが、メーターがついてないので、結局約束した二倍の料金をとられるはめになった。まずパシュパナートというヒンズー教寺院を訪れたが、タクシーを降りたとたん腕飾りや飾り袋などを持った男女や子供までが私たちの後につづき、群がってくるので私たちはどんどん早足になり、訳が分からない内に買わされた。妻は私のと同じものを一〇個持っており、値段は私の一個分であった。メノウで装飾されたお椀は四〇ドルと言っていた男から一五ドルで買ってしまったが、使い道に困っている。ここは火葬場でもあり、幅一〇m程の黒い川に橋がかかり、下流は貧乏な人、上流はお金持ちと区別され、薪を積んで死体を焼き、灰を流していたが、死にかけている人も側のテントにいるらしく、身内が亡くなるのを待っていた。片言の日本語を使う自称ガイドが勝手についてきて、最後に一〇〇ルピーを渡すと不満をあらわにし、こちらも不快になった。次はラマ教のボダナート寺院に行った。尖塔の壁に組み込まれた筒を回しながらその周りを回ると功徳になるとのことだった。お線香がたくさんたかれ、奥に行くと白くボディ・ペイントした行者が壁にはめ込められており、子供たちは人形と言っていたが、足元にドネーション（寄付）

ラマ教ボダナート寺院。

すると少し動く気がした。スワファブナート寺院は丘の上にあるのでタクシーで登った。入場料を払うので上等なトイレがあり、物売りに追いかけられることもなく、猿が放し飼いにされている寺院の広場から緑が残っているカトマンズの郊外が展望できた。エベレストの大パノラマのグラビアを買ったが、次女はお父さんはまた高いのを買わされてと、小うるさいことが妻とそっくりになってきた。「王立博物館」は一見の価値があり、ネパールの芸術品から武具、日常品にいたるまで珍しいものが多く展示されていた。全ての手荷物を入り口に預けるなど警備も厳重であったが、出口で私がウエスト・ポーチをして回っていたことに私だけが気づいた。ダルバール広場でタクシーと別れ、インド系商店が多い、北のタメル地区まで雑踏の中を歩いた。妻は日本では手に入らないスパイスを買い込んでいると昼も回り、公衆トイレはないので昨日のレストランに入った。女性たちはもっと買い物をするというので、私と長男とでホテルに帰ろうとすると、ターバンを巻いた蛇使いの老人が寄って来て、道端に座って縦笛を吹き始めた。長男を隣に呼んでコブラを籠から出して笛を吹かせたり、大きな籠から錦蛇を取り出し、目を白黒させている長男の首に巻きつけると、黒だかりの人垣ができた。五〇〇ルピーと言われたが、お互いに大金なのでダンニャバード（ありがとう）と言って二〇〇ルピー渡した。ホテルで家族がそろったところで、帰る準備をし、すぐロビーに降りるとラクパさんが待っていた。例のバンに荷物を積み込んで、飛行機は夜半の一二時なので、それまで踊りが見られるというネパール料理の店に連れて行ってくれた。玄関を入るとネパールのドレスを着た美しい女性が一人づつ額に赤い印を指でつけてくれた。大きい座敷でアメリカ人やインド人風のグループも別々のテーブルを囲んで座っており、地酒のロキシーが長い蛇口の酒瓶よりつがれていた。子供たちがマンゴージュースを飲んでいると、座敷の中央で民族衣装の男女による舞踊が始まり、竹や木製の楽器を持った一団が部屋の隅で演奏していた。ネパール料理は山で食べたのと似た素朴なもので、魔術師が口から火を吹きながら病人を治すなどの、まさに熱の入った演技をビデオにおさめた。

二月一六日（水曜）

空港の入り口で、「何かあれば電話して下さい」と言うラクパさんと別れ、あの陰気な空港の出国管理を通り、チェックイン・カウンターで荷物を預けようとカートで並んでいると、酔った東洋人が大きな声を出して割り込んで来た。手荷物がやたらに多く、酔いの回った妻に、自分は某国立大の教授だと名乗り、おだてて自分の手荷物を機内に持ち込ませようとしている魂胆が分かったが、ネパールの係官や中国人客にも顰蹙《ひんしゅく》をかっていた。暗い滑走路に停まっているロイヤル・ネパール機のタラップを上がろうとすると、路面にたくさんの荷物が投げ出されており、その中からわれわれの四つのリュックサックを確認した。離陸するとすぐ食事が出たので、家族には少しにしなさいと注意したが、案の定、長男が紙袋に吐いていた。さらに朝食をとるともう関西空港だった。チェックイン・カウンターで帰りの航空券を失くしたようだと言うと、四人分の正規料金を払ってくれと言われた。こうなったら徹底的に探してやると、待合室で大きなリュックサックを開けて下着からお土産まで全てを放り出し、やっと底から大事にし過ぎた航空券が出てきた。汚れた登山靴を履いて一一日間の大冒険の後、妻は高山病の後遺症による浮腫《むく》みか、その反動の食べ過ぎによるのか大顔病になったが、われわれ四人が季節はずれのカサカサに日焼けした顔で、元気に那覇空港に降り立ったのはよく晴れた冬の午後だった。

〈ミニ知識〉雪男（ギガント・トロプス）最新情報

ヒマラヤ山系で、雪男と思われる足跡が多く発見され、北米のビッグフット伝説のように思われている。多くの住民や登山家、エベレストをヒラリーとともに初登頂したテンジンまでが、全身剛毛で覆われ、やや前屈して二本足で歩く姿を見ている。昔から奥地の村では雪男の集団に襲われたり、若い男がさらわれ、雪男の雌との間に子供ができたが、逃げ出したので村まで追いかけられ、自分の子供を殺して帰っていったとの悲しい話もある。

最近のテレビ番組であるが、中国の袁《えん》教授らの長年の調査により、湖西省の神農架《かみのか》とい う山奥に二mを越す、全身赤毛に覆われた野人が頻繁に目撃され、大きな足跡やトウモロコシの食べ方、残した体毛のDNA鑑定などから、ギガント・トロプス（Giant ape＝巨猿）という五〇万年前の人間の祖先が今も生息している証拠がみつかった。中国奥地は三〇〇〇m以上の山脈でチベットからヒマラヤに繋がっており、おそらく雪男も同じ類人猿で、パンダや金絲猴《きんしこう》が最近まで架空の動物と思われていたことから、動物園で見られるのも時間の問題かもしれないが、「猿の惑星」のように扱いたくはない。

3章　台湾最高峰、新高山《にいたかやま》登れ！

那覇から台北、嘉義、阿里山《ありしゃん》へ

新高山《にいたかやま》は台湾の最高峰で、日清戦争の後、台湾を割譲して植民地とした際に富士山より高いことから名づけられたが、戦後は中国名の玉山《ゆいしゃん》と呼ばれている。標高は四〇〇〇mより三mだけ低いとされていたが、最近の測量では三九五二mとなり、ボルネオのキナバル山四〇九五mに次ぐ東アジアの峻峰である。北回帰線が通る熱帯の北限に当たるため、冠雪はほとんど見られないが、三〇〇㎞に及ぶ台湾山脈の中央に位置し、北の雪山《しゅいしゃん》三八八四mや南の関山《ぐわんじゃん》三六六六mを従える、まさに王者の山（玉山）である。日米開戦の真珠湾攻撃に使われた暗号「新高山登れ」は「トラ、トラ、トラ」と共に戦前生まれの日本人なら苦い戦争を想い出すが、私の父が生まれ育った台湾にあって一度は登りたい山であった。

一〇ヵ月前のエベレスト・トレッキングでは家族を連れて三九八五ｍまで登ったが、全員が希薄な空気のため頭痛と吐き気で食事もとれず、顔まで腫れて高山病になりかけた体験は今なお生々しかった。最近、自ら開発した低酸素トレーニングは高山病の予防にもなることが分かり、高所登山にもう一度挑戦する気になった。妻はエベレスト・トレッキングの後、「四〇〇〇ｍ以下の山なんか登りたくない」と豪語していたが、いつもの手で「正月に、研究のため一人で高い山に登って来る」と誘うと「一人では山も危ないけど夜はもっと危ないから」とすぐ乗ってきた。年末の五日間は休業できるが、旅行は割高になることから、沖縄に近くて高山病対策が必要となる四〇〇〇ｍ級の山ということで台湾の玉山に決めた。玉山登山を扱うＡトレックという旅行社に聞くと、台湾では国の登山許可が必要で、四人以上の登山隊で、ガイドをつける事を義務づけているとのことだった。長女は大学受験でもあり、私の車から降りたとたん平らなアスファルトで腿をあらわに転んだり、バス停で自転車に轢かれる「運動音痴」で、高所登山は無理だった。次女は中学では一〇〇ｍハードルで県の記録を更新したが、高校に入ると勉強が厳しくなり、記録も伸び悩んでいたところで、気持ちを切り替えるためか一緒に登ると言い出した。長男は中学に入り、張り切ってバスケットをやっていたが、勉強嫌いで監督の先生から叱られたこともあって辞めてしまった。いやいやだった塾通いもやっと進んで行くようになって一安心したところだったが、エベレスト・トレッキングで頭痛と吐き気に襲われ、シェルパのガイドに抱えられて下山した体験からか「山登りは面白くない」と突っぱねていた。「台湾に行けば毎日、旨い中華料理が食べられる」と食思を煽り、「お父さんの大事な研究を助けてくれないか」と同情を誘ったりと、時間はかかったが「本当に高山病にならないなら行ってもいいよ」と言わせた。私が隊長で、四人からなる最小単位の登山隊が編成された訳である。一二月三〇日那覇発の航空券の予約を依頼し、大晦日に中腹の山小屋まで登って、元旦に山頂を目指すという登山計画を立てた。ところが玉山の登山許可は山小屋に収容できる一五〇名に限られ、すでに頂上で二一世紀元旦の御来光を見ようとする地元の登山者で満杯となり、われわれは登頂を一日遅らせることになった。Aトレックの担当の女性によると山頂は氷結することもあり、アイゼン（靴底に着ける鉄の爪）が必要で、しかも一〇本爪の本格的なものと、さらにロング・スパッツ（膝まで雪に埋もれても靴の中に雪が入らないゲートル）、そして三季用以上の寝袋は必要なので、なければ購入して持っていってくれとのことだった。送られてきた「登山はガイドの判断に従う」などの誓約書に捺印し、高所登山歴も書き込んで送付した。登山保険に加入して予約金を振り込んだが、一週間以上経って私が電話すると「確かに受け取った」と素っ気なく、有名なトレック旅行社ではあるが先行きに不安を感じた。東京の学会に出席した際、水道橋の登山ショップでダウン（水鳥の胸毛）の軽くて暖かい寝袋を子供用にと奮発して二つ買い込み、高田馬場の駅前店では本当に使う必要があるのかと疑いながらも一〇本爪のアイゼンを四足も買わされ、妻に叱られそうなＶＩＳＡカードをまた使ってしまった。登山ガイドが一人つくというが荷物は全て自分達で担ぐことになり、山小屋で寝具があれば寝袋もいらなくなるはずであった。再度確認したＡトレックの情報では、やはり必要とのことでかなり重いリュックを背負うことを覚悟したが、どうも信用出来なかった。

開発した低酸素トレーニングとはボンベに詰めた窒素ガスをマスクで吸入しながらステッパーを踏んだり、自転車エルゴメータを漕いだりしてトレーニングするもので、一分間に窒素ガス一〇ℓの吸入では、空気が混入して酸素濃度が一五％となり、標高二三〇〇m相当の希薄な空気中で運動をしているのと同じであった。私は週二、三回、ステッパーを踏んで低酸素トレーニングし、帰宅後は欠かさずジョギングをやっていた。走行タイムが明らかに短縮し、最大酸素摂取量を保健学科で計測してもらっても持久性の運動能力がついてきていた。妻は、家では「外を走ろう」と誘っても「ジョギングは合わない」と怠け、エベレスト・トレッキングのとき約束した禁煙も反故になっていた。子供達の期末試験が終わり、一二月に入ると週二、三回のペースで家族で放課後や休日に私の所へ出向いてきて、低酸素トレーニングを始めた。妻は始め発汗も多く、息苦しそうであったが、直ぐ平気だと豪語していた。長男には小学六年のころから近所を走っても追いつけなくなったが、低酸素トレーニングではフラフラして体を支えないとステッパーを踏めなかった。それでもイヤホンでCDを聞きながら自転車エルゴメータを楽に漕げるようになった。次女は陸上の練習を優先させたので二回しかできなかったが、腿にくると懐疑的だった。

妻はクリスマス・ツリーを飾りたて、暗くなって帰ると生け垣が赤、青、黄と交互に点滅していたが、今年はお祖母ちゃんも来ていないので家族だけでターキーを囲むことになった。忘年会も四、五回あったが、酒を控えて一次会だけのシンデレラ・ボーイで体調を整え、仕事もなんとか年末までに片づけた。家族で登山用品を那覇新都心に出来た大型スポーツ店に買いに出掛け、私は裏も使えるヤッケや、妻にはトレッキング用のスティックを買い、四人のヘッドライトも準備した。出発前夜には、それぞれのリュックを私の部屋に集め、子供達のにはダウンの軽い寝袋とアイゼンを入れ、私のはアルミの背負子に米軍放出のサックをのせ、妻と私のかさばる寝袋と重いアイゼンを詰め込んだ。妻は留守番をする長女のお節《せち》料理などで遅くまで起きていたが、私は早々に寝床についた。

朝起きると冷雨になっていたが、午前一一時発の台北行きだったので遅い朝食を済ませ、やっとワゴン車にリュックや手荷物を積み込んでわが家を後にした。那覇国際空港前の駐車場から登山靴を履き、大きなリュックを背負った四人の家族が雨の中をターミナルビルめがけて走り込んだ。中華航空のカウンターで係員が預けるリュックの重さを計ったが、私のは二〇kgあり、他のは七～八kgだった。

子供達は宿題をやると言って狭い機内に小さいリュックを持ち込み、安全ベルトを着けると離陸して間もなく男性のフライト・アテンダントがポットを持ってきた。お盆に載せたカップに紅茶を注ぎ始めたが勢いあまってこぼしまくり、「これが中国式茶道かな」と顔を見合わせていると、飛行機は下降を始めた。雲の下から海岸線の白波が見えてくると一時間半のフライトで中正（蒋介石とも言う）国際空港に着いた。広く殺風景な税関で長い列を待っていたが、こちら側に両替所があることに気づき、列を抜けて三万円を台湾元（一元＝四円）に換えて帰って来ると最後尾になっており、一時間近くかかってしまった。カートに四人のリュックを乗せて検疫所を出ると、大きく名前の書かれた紙を掲げた「そのまんま中国人」の中年男性がわれわれを見て「そのまんま日本人の登山者」と思ったようである。高《こう》さんと言い、日本語を専攻したとのことで訛りはあるが不自由なく話せ、少尉までいった元軍人だという。年齢を聞くとパサパサした黒髪のせいで若く見えるが私より二つ上で、日本人専門のガイドをしているとのことだった。大きなワゴン車に荷物と一緒に乗り込んだ。片側四車線もある高速道路を台北市内に向かって突っ走っていると左手に巨大な竜宮城が現れ、丸山大飯店という日本人がよく泊まるホテルだった。台湾は右側通行で、先を争う自動車の排気ガスが鼻につく市内に入り、六福《れおふう》というホテル兼中華レストランに着いた。高さんが「六は縁起の良い数で、八も良い数」と説明するので、「沖縄には七福神という居酒屋チェーンがあって、流行っているので七も良い数ですよ」と言うと、「昔、中国から船で八人の神様が日本に向かったが一人は酒を飲み過ぎて海に落ちてしまい、七人になった」とのこと。ホテルにパスポートを預けてチェックインし、高さんとは明朝九時にロビーで再会《さいちえん》することにして、私と妻、次女と長男に分かれてそれぞれの客室に荷物を置いた。台湾時間（日本より一時間遅れ）で午後二時を回っていたので直ぐ市内観光に向かった。

ホテルを出ると、バス停で待つ客が椅子とテーブルを置いただけの店で湯気の出ている雑煮やおでんのようなものを美味しそうに食べているのを見て、昼を食べていないことに気づいた。大きな鍋からお椀に入れてもらうと、牡蛎《かき》や中味（腸）が入った汁ビーフンで、おでんも味つけと素材は異なっていたが空きっ腹にはこたえられなかった。タクシーを拾い、地図で「故宮博物院」を指すと直ぐ「ハオ、ハオ（ＯＫ、ＯＫ）」と応えながら市内の渋滞を避けて脇道を走りながら郊外に出た。広い並木道を上ると丘の上に格調高い建物が見え、長い階段脇の車道を上って正面入り口に車を着けてくれた。日華事変の時、中国四〇〇〇年の秘宝や美術品を守るために中国各地から集められ、中国本土が共産党に掌握されると蒋介石率いる国民党軍とともに台湾に運ばれ、ここに納められたとのこと。早速、防弾ガラスでガードされた玉や瑠璃《るり》などの美術品を四階まで見て回り、狛犬《こまいぬ》が丸い玉をくわえている彫り物などは、長男が「どうやって石の犬に後から玉を入れたの」と言わせるくらい、精巧なものであった。鎖のついた印鑑なども一つの原石から作られていた。外に出ると日はすでに傾き、急いで広い並木道を渡って家族をせき立てて中国電影文化城（映画村）に向かったが、私だけ気が急いて通り過ぎてしまった。あと一時間で閉園とのことで三〇〇元（一二〇〇円）は高かったが家族を引き連れて飛び込んだ。入るとすぐ蝋人形館があり、昔の庶民生活から歴代皇帝やジンギスカン、そして生首まであり、リアルであった。恐怖館の豆電車に乗り込むと口から火を噴く龍が待っており、前に座ったわれわれが通り過ぎてから「ウオー」と脅かしてきた。影絵劇場では、皮を薄く伸ばして乾かし、セルロイドのようにして色を塗って、棒で手足を動かす人形を作る工程を展示し、即売もしていた。昔風の中国家屋が並ぶ小路を歩くと、仕舞いかけた雑煮や焼き鳥風の露店もあった。守礼門のような所がライトアップされ、イケメンの若い俳優が役人から剣を奪い素早く切りつけるシーンを撮影していたが、見物人はわれわれだけで待機する他の端役は退屈そうに中国式に膝を抱えて座り込んでいた。お化け屋敷もあり、額にお札《ふだ》を貼り中華服を着たキョンシー（幽霊）もたく

故宮博物院には中国全土からの文化遺産が集められているのだ！

さんいたが、「チータンパー（うらめしや―？）」など中国語が分からないのでいまいち迫力に欠けていた。恐竜館もよくできており、単頭龍や雷龍、草龍など分かり易く、手の爪が動いたり、目をくりくりさせるなどさすが電脳（コンピューター）立国であった。日本でもよく聞く「別れの曲」が鳴り始め、中にいる人に関係なく鉄柵が閉められるので慌てて暗くなった外へ出た。

翌朝、ホテルの中華風朝粥を済ませ、隣のセブン・イレブンで部屋で飲んでしまったビールを補充した。町の商店街を歩くと中国語の看板が面白く、「角膜変色隠形眼鏡」は色つきコンタクトレンズ

林道入り口の上東甫から玉山の雄姿を望む。

で、「補習班」は塾、そして「便當」は弁当で、「大衆用寿司屋」などはまずそうだった。ホテルに帰ると高さんが待っており、荷物を昨日のワゴン車に積み込んで、市内にある国内線の松山《そんしゃん》空港に向かった。ロビーで登山ガイドを待っていると、小さいお年寄りが大きなリュックを背負ってやって来て、たどたどしい日本語で「林《りん》です。山登る、一緒ね」と握手を求めてきた。手を握りながらカウンターにいる高さんを呼ぶと、台湾山岳会から派遣された資格のあるガイドとのこと。よく見ると小さい目をして頬はやつれ、歯も少ないが、若いかもしれないと高さんに聞いてもらうと三七歳とのことだった。本人も「大丈夫、大丈夫、心配ないよ」と頷きながら名刺を交換した。日本のエア・コミューターみたいな小型機のところまでアスファルト上を歩き、頭をかがめて乗り込んだ。離陸のプロペラ音は強烈で、妻には「水平飛行になったら静かになるよ」と知った顔したが、ほとんど変わらなかった。雲海を下降し始めると奥深い台湾山脈の中に玉山を見つけたのでパノラマ写真を撮った。耳が麻痺した頃、バウンドしながら嘉義《チャイー》の空軍基地内にある滑走路に着陸した。嘉義は台湾中部の中心都市で、やはり林《りん》さんという「横山やすし」に似た運転手がワゴン車を小さい空港玄関に着けて待っており、皆が乗り込むと先ず北回帰線が通るという記念碑に連れて行ってくれた。ツアーガイドの高さんが「ここは亜熱帯で、ここからは熱帯です」と見えない境界線を跨《また》ぐふりをしてくれた。登山中の昼食は行動食なので自分達で準備してくれという。大きなスーパーに入ると日本より包装は地味だが、品数は豊富で値段も少し安い程度だった。妻や子供達はおみやげにと珍しい菓子や奇妙な色と形のペットボトル飲料まで買っていたが、私は各自が適宜飲めるようにスポーツ・ドリンクのペットボトルを半ダースと、子供達が選んだ菓子パン、そして私のテルモス（魔法瓶）に入れて持っていく紹興酒などをレジで清算すると大きくて丈夫な袋をくれた。まだクリスマス・ツリーが飾られた中山大飯店に入り、われわれ家族は高さんらとは別のテーブルで昼食をとったが、熟年の日本人グループも来ており、昨日食べそこなった北京ダックが向こうのテーブルに載っているので妻は羨ましがっていた。再びワゴン車に乗り込み、一路、玉山の入り口で森林鉄道の終点でもある阿里山《ありしゃん》に向かった。医科大学などもある広い嘉義市内を抜け、檳榔樹《びんろう》（フェニックス）の並木道の緩い登りにかかると路端に檳榔の実を売る店が目立った。高さんによると運転手などが咬んでいると眠気が覚めるというがまずいので止めた方がいいとのこと。山間に入ると、ピンクの花をつけた羊蹄木《ようていぼく》と真っ赤なポインセチアが交互に植えられていた。急な山の斜面に茶畑が広がると霧が出てきて冷んやりし、対向車も見えなくなるくらいの濃さになった。この霧が良質な嘉義のウーロン茶を育てるとのこと。道路はいよいよカーブの強い登り坂となり、霧が一瞬晴れると給油所があった。寒さで近くなったトイレを皆で済ませて出発すると、初日の出を見ようと自家用車の家族やオートバイのカップルで山路は混みだし、先の台湾地震で崩れた崖を修復している箇所では一方通行で渋滞した。高さんによると地鶏を山の中に放し飼いにしているという阿里山《ありしゃん》養鶏場を過ぎた頃、トレッキング用腕時計の高度計を見ると二〇〇〇ｍを越していた。夕日が傾きかける頃、深い山間にあって車でごった返す阿里山の駐車場に着いた。宿泊する阿里山大飯店から迎えに来たマイクロバスに乗り換え、荷物を部屋に預けた。七時の夕食まで時間があったので、標高二三〇〇mでの高所トレーニングを兼ねて家族で遊歩道に出た。姉妹池と書かれた方に向かい、足元が暗い中を足早に池を回る。巨大な御神木の前で写真を撮り、段のある山道を下ると、すでにライトアップされた露店で賑わう駐車場付近が見えた。散策して帰る若者達を追い越しながら山道を上り、一時間でホテルに戻った。阿里山は温泉が出ないので部屋のシャワーで済ませ、夕食にはツアーガイドの高さんと登山ガイドの林さんも同じテーブルに呼んで鶏鍋を囲んだ。地鶏なので歯ごたえがあってスープはコクがあり、さっぱりと炒めた高麗菜（キャベツ）や空芯菜（中国ほうれん草）が新鮮であった。肉料理は飽食の日本人にはありきたりで、山奥なので魚は出なかった。ビールと紹興酒をほどほどにして部屋に帰ると、中国語でタモリがしゃべるバラエティ番組をやっていたが、早々眠りについた。

翌朝、まだ暗いのに次女が「初日を見よう」と起こしに来た。「今日は登山日なのでもう少し寝ていた方がよい」と言うと、二一世紀の初日の出なのでどうしても見たいと言う。ホテルの隣にある阿里山駅から登山列車で日の出が見える祝山《しゅくさん》まですぐとのことで外に出ると駅の外にまで防寒した人が溢れていた。ヘッドライトを照らして列車が登ってきても乗れない状態だったので、妻は「歩いてもすぐだから」と言いながら他の参拝者の明かりを頼りに山道を登り始めた。三〇分ほどで朝になり、祝山の展望台に着いた。初日は玉山方向から昇るが七時を過ぎるとのことで、露店で五〇元（二〇〇円）もする温かいドリンクを子供達に買わされ、そのまま下山した。朝粥と蒸しパンに中華風佃煮や麩《ふ》の炒め物で朝食を済ませ、各自の登山用リュック以外はホテルに預けてすぐ昨日の林さんが運転するワゴン車に乗り込んだ。途中、玉山を遠望できるところで車を停めてもらい、雪はないがゴツゴツした幾つかの峰からなる勇姿を背景に家族で写真を撮ってもらって、登山の無事と成功を祈りながら気持ちを引き締めた。

標高2300mの避暑地で、森林鉄道の終着駅でもある阿里山（左端はガイドの高さん）。

玉山《ゆいしゃん》三九五二mへの挑戦

上東甫《かみとんぽ》というアスファルトの林道の入り口でワゴン車を降りた。これ以上は入山許可なしでは入れないのでツアーガイドの高さんらと別れ、登山ガイドの林さんを先頭に家族四人がそれぞれのリュックを背負って緩やかな坂道を歩き始めた。汗をかき始めた頃、妻が次女のリュックを背負わされているのに気づいた。「お母さんのアイゼンや寝袋をお父さんが背負っているのに」と言うと、林さんに頼まれた食事の材料を次女のリュックに詰めたことが気に入らず、妻のリュックと交換したらしい。「今からお母さんがバテたらどうする」と叱ったが、結局、その分も私が背負うことになった。台湾のハイカーらしき人達も歩いており、林さんが「日本から来た家族で、これから玉山に登るのだ」と話しているようで、「こんな子供まで」と目を丸くして何やら中国語で励ましてくれた。玉山登山の監視所があり、林さんが係員に準備した入山許可書を見せると、われわれのパスポートも見せてくれと言う。阿里山ホテルに預けてありドキッとしたが、「ファミリー、フロム、ジャパン」と言うと女性の警察官が感心して通してくれた。「今日は特別、いつも、こんなことない」と「だいじょうぶ」を連発する林さんだったが「本当にこれから大丈夫かな」という気がしてきた。アスファルトの山道を下ると玉山が見える登山口になり、玉山東峰口と書かれた石碑の前で林さんに家族の写真を撮ってもらうと、一服する間もなく頑張れよと手を振るハイカーらとも別れ、急な瓦礫の斜面にとりかかった。ジグザグに作られた狭い登山道を、足元の瓦礫が崩れないよう注意しながら、小一時間喘《あえ》いで登るとやっと尾根沿いになった。すでに玉山に登ったと思われる一団が降りてきて、われわれもニーハオ（今日は）と挨拶を交わした。小休止に

登山口で一服し、剣竜の背のような玉山に挑む。

私のリュックを少しでも軽くしてもらおうと水筒から嘉義のスーパーで買った紅茶を回したが、ウーロン茶を少し甘くしたようなものだった。さらに小一時間、上り下りを繰り返すと日除けだけの休息所があり、皆リュックを置いて水分を補給した。岩から隣の草に座り直そうとした瞬間、草の下は絶壁になっていることに気づき、藪《やぶ》を掴んだが体が沈み、落ちそうになった。皆はアッと声を出すだけだったが、妻は間髪を入れずダダッと近寄り、私の腕をグイッと掴んで引き上げてくれ、疲れてドテッとしていたはずの妻の反応には驚いた。剣竜の背中のような玉山を少しは近くなったかと時折、眺めながら、急坂が多くなってきた樹林帯の中のジグザグ路を登った。時折、下りてくる登山者と「シンネン・クワイラー（新年おめでとう）」と挨拶すると「なんだ、おめでとうございます」と言う日本人グループもいた。空気が薄くなってきたためか休みも多くなり、妻はすぐ座り込むので「座ると余計疲れて時間もかかるから」と立ち休みで呼吸を整えながら登り続け、昼食は木の屋根とベンチのある所で菓子パンを回し、スポーツ・ドリンクで渇いた喉に流し込んだ。「林さんのタバコで気分が悪くなる」と次女が言うので妻が少し離れてくれと頼んでいた。林さんが老けて見えるのは歯が欠けているせいもあるが、残った歯もタバコで黄色くなっているためで、玉山に一〇〇回も登っている高所登山家でもありタバコは止めて欲しかった。今日は標高三四〇〇ｍの排雲《べいゆん》山荘まで一〇〇〇ｍ以上の高度差を稼ぐ必要がある。距離も山道で八㎞あり、〇・五㎞毎に標識があったが、一時間に一㎞ちょっとのペースだった。林さんは時折、無線で山荘の山仲間と大声で話をしているようで、われわれは今日入山した最後のパーティ（登山隊）で、夕方の五時には着けるだろうとのことだった。山小屋まであと三㎞になったが、午後二時を回っており、私も三〇㎏のリュックを背負っているので汗が首筋より流れ、長男が「お父さん、それ汗？」と言うくらい、急坂では立ち休みも多く、呼吸と心臓の鼓動を整えるのに時間がかかるようになった。妻が頭が痛くなったと蹲《うずくま》り、酸欠（酸素欠乏）による高山病の初期症状と思われた。ダイアモックス（利尿剤で高山病の特効薬）とロキソニン（消炎鎮痛剤）を一錠づつ飲ませ、カメラをビデオが入った私のウエスト・ポーチに入れてやった。喘ぎながら一〇歩、歩いて立ち止まり、また歩くというペースになり、今度は次女が頭が痛いと言い出した。喉も痛く風邪らしかったが歩けなくなると困るので同じ薬を飲ませた。時計は四時になり、山間の太陽は傾いて、林さんも「暗くならない内に山荘に着かないとまずい」というのが顔に見え始めた。しかし二人のペースは上がらず、妻が私と息子に先に行くように言うので、しんがりの林さんに妻と次女を頼む、とジェスチャーしてとにかく先を急ぐことにした。

あと二㎞足らずとなり、ジョギングなら一五分で走れる距離であったが、勾配が急になりつづけるこの山路は五、六倍も時間がかかった。肺と心臓がついていかず、腿を上げるのがやっとになってきて、自分でも「このまま山荘に行き着けないかも知れない」と焦りが出てきた。長男は今回は頭痛もなく、私の次に重い荷物を担いで元気に登っており、唯一の安心事だったが、腕時計を見るとすでに五時を回っていた。高度計が三二〇〇ｍを越したところで、とにかく私と息子が山荘まで行き着けば、妻と次女が登れなくなっていてもいてもいても空身でとって返し、なんとか山荘まで連れて来ることもでき、最悪の場合でも家族でビバーク（野営）できると考えた。しかし足はますます重く、山荘まであと〇・五㎞の標識があるものの、粗積みの石段が延々と続く。スティックにもたれて呆然として上を見ていると人の声が聞こえるではないか。「山荘は近いぞ！」と息子を励まし、一歩一歩、鉛がついた様な腿を押し上げ、リュックの重圧に耐えながら石段を登って行った。一人の男性がリュックも持たずに蹲《うずくま》っており、われわれが近づくと重い腰を上げて登り始めた。上の話し声もはっきりするようになると、中国人のパーティが前を喘ぎ喘ぎ登っており、とくに女性は荷物も少ないが吐く息が聞こえるほどだった。とても追い越す余力はなく、後をついて行くと山荘の赤っぽい屋根が樹木の間に見え隠れしてきた。後ろの三人のことを気遣う余裕も出来たところで、山荘の人影が見えだし、最後の一歩まできつかったが薄暗くなりかけた山荘にたどり着いた。建物の外でラジウス（山用コンロ）に鍋をかけて食事をしている人やサンダルでリラックスする人もいた。玄関のコンクリート上にリュックを置き、大きい水筒とテルモスに外の蛇口から水を汲んだ。息子は「ここで待っている」と言ったが今は頼もしい助っ人なので同行を頼み、喉を潤す時間も惜しんで二人で水だけ持ってとって返した。今さっき登って来た急な石段を一気に下り、急な所を過ぎると向こうから三人がゆっくりではあるが歩いて来るのが見えた。私はほっとした顔で、さらにほっとした顔をした林さんの両手を取って「謝謝《しぇしぇ》！」と感謝を表すと「私、先行って食事準備して待ってる」とわれわれを残して登って行った。妻と次女はやはり水もなくなっていたようで、持ってきた水を旨《うま》そうに飲み、一息ついた。妻のリュックは私が、次女のは息子が担いで登り始めた。安堵感からかリュックも足も軽く、空身になった二人も石段をどんどん登り、さっきまで喘ぎに喘いで登ったことが嘘のように、暗くなる直前であったが、家族四人揃って無事に山荘に到着した。幾つかの相部屋からなる山小屋としては立派なもので、一部屋には二段のベッドが向かい合って一六人が泊まれるようになっていた。中央にストーブがあり、アルミのマットの上に山荘の寝袋まで準備されているではないか。玉山に雪は全く見られず、アイゼンも無用の長物で、Aトレックの情報のいい加減さから重荷を負わされ、あわやという事態にもなったことに腹も立ったが、前向き思考に切り替えることにした。温かい鍋が運ばれ、同室となったさっきの台湾の人達と一緒に柄杓《ひしゃく》ですくって発砲スチロールのお椀に取って回した。餅抜きのぜんざいで、甘さ控えめで塩が効き、疲れた体を癒してくれた。「食事できたよ！」と言う林さんについて行くと、コンクリートの床に炊きあがった白飯や卵スープ、チキンとピーマンの炒め物などが入った鍋が置かれていた。お椀に取っては子供達に部屋まで持たせ、自家発電の明るい室内灯の中で、四人ともに食欲もそこそこに平らげた。皆で外に出ると寒くはなく、玉山の方向に大きなオリオン座がくっきり見え、その中にスバル星雲までも見られ、理科が好きな息子の興味を引かせた。林さんが沸かした鍋の熱湯を水筒に詰め、テルモスの紹興酒をお湯割りにしたが、疲れからかあまり進まなかった。次女は熱もあり、ロキソニンとトローチを飲ませた。部屋も冷えてきたので早々に寝袋に潜り込んだ。睡眠剤を一錠飲んだが寝つかれず、さらに一錠飲むと寝ているのか起きているのか分からなくなり、「――さん、起きて。食事できてる！」と林さんに起こされた。朝の四時半だった。

頂上はナップサックだけで往復するので、置いておく寝袋とアイゼンをリュックに詰めた。湯気の出ているお粥と肉の佃煮や漬け物を、紙で拭《ふ》いた夕食のお椀に取り、食べた後は温かいウーロン茶やコーヒーも飲んだが、皆食欲もあり頭痛の訴えもなくなっていた。前回のエベレスト・トレッキングでは同じ標高までほとんど空身で二泊で登ったが、長男は酷《ひど》い頭痛と嘔吐の高山病に罹り、妻も顔が腫れて尿も出ず、私までが食事もとれなかった。今回の玉山登山では荷物を全て担ぎ、一日で登ったにもかかわらず、妻と次女はダイアモックスを使ったことを差し引いても頭痛は軽く、スポーツを止めていた長男も驚くほど元気で、私も三〇kgを担ぎながら、四人とも最後まで踏ん張れたことから低酸素トレーニングの効果は出ていた。トイレを済まし、凍っていない方の蛇口の冷たい水で顔を洗うと気が引き締まった。ヘッドライトで足元を照らしながら林さんを先頭に灌木の中の登りにかかった。一時間もすると夜が白々と明け、われわれは汗を拭いながら雲海の中に山々を見下ろした。急斜面の瓦礫をジグザグに切った登山路から玉山を見上げ、最後の挑戦に最高のコンディションで臨んだ。お日様が昇り、汗ばむ中を急峻な瓦礫路を落石しないよう一歩一歩登っていると、長男が「頭が少し痛い」と言い出した。今日は高山病の薬を持って来なかったので一瞬「しまった」と思ったが、高度計は三七〇〇mを越えており、頂上のゴツゴツした岩山を見上げると風にたなびく旗が見えるではないか。「もうすぐ頂上だから」と励まし、これ以上急になると転げ落ちてしまいそうな瓦礫の山腹のジグザグを登った。落石よけの庇《ひさし》もあり、その下に妻は何度も座り込んでハーハーと息をし、起きてはまた歩き始めたが、長男は「大丈夫」と言い、頭痛は飛んでいったようであった。頂上の白い旗が岩に隠れて見えなくなり、岩盤に鉄の杭が打ち込まれてロープが張られた難所を慎重に登り切ると、パーッと前方が開けて青空だけになり、そこが頂上だった。頂上からは少し低い玉山南峰を臨み、三六〇度の雲海の中に山々が連なっているのを眺めた。われわれは強い光線を浴びて寒さは感じず、ここまで家族で無事に登って来られたことの喜びを噛みしめていた。テルモスを回してお湯を飲み、一息ついたところで玉山山頂三九五二mと刻まれた石碑の前でそれぞれの願いを託して手を合わせた。林さんはこんな空気が薄いところでもタバコを吸いながら無線で何やら話していたが、石碑の前でわれわれの写真を何枚も撮ってくれた。

空気の薄い玉山頂上でぐったりするも、喜びがこみ上げて来る！

遥かな下山道

今日は上東甫の登山口まで一気に下山しなければならないので、頂上はそこそこに下りにかかると、昨日追いついた一団が息絶え絶えに登ってくるではないか。一人づつしか通れない鎖場なので彼らが下でハーハーしながら休んでいる間に「ニーハオ（今日は）、サイチェン（また会いましょう）」と言ってすれ違い、瓦礫のジグザグも一気に下り、一時間で拝雲《べいゆん》山荘に帰って来た。山荘には林さんの友達だという管理者の他はわれわれしかおらず、借りた寝袋とアルミのマットを林さんと一緒に倉庫にしまった。各自、蛇口から水筒に冷たい水を詰め、妻までがアイゼンを持つと言い出し、軽くなったリュックを背負って意気揚々と山荘を後にした。往復までした最後の石段も下りは嘘のように楽で、妻は時折登りになるなだらかな尾根沿いの山路では疲れが出てきつそうであったが、次女はすっかり調子を取り戻し、弟と先を争って遅れがちな妻と私を座って待っていたりした。昼食は残った菓子パンをかじり、水筒の水もなくなる頃、長いなだらかな登りの後、アスファルトの林道の終点である登山口を遥かに見降ろせる塔塔加鞍部《たたかんべ》に出た。昨日の事とは思えないが、ハイカーらと別れた登山口まで来れば山を下りたと同然と気持ちは急いた。ジグザグの下りはうんざりするほど長く、今にも崩れそうな瓦礫の涸れ沢を何度も横切らねばならなかった。子供達は遥か先を行き、私も遅れた妻を林さんに任せ、登山口の石碑の陰に寝ころんで待つ子供達にやっと合流した。最後の水を妻に残して遥か上から下りてくる二人を見ていると妻の足は引きずるようで、一緒に下りてやれば良かったと思った。やっと下りてきた妻は「この下りはいつまでつづくのかとワジワジ（怒りを憶える）した」と遥か彼方になった玉山の頂上を見ながらこぼしていた。われわれ家族によって征服された台湾最高峰であったが、その勇姿に敬意をもって最後の別れをし、なぜか写真を撮るのも忘れるくらい、帰路を急いだ。このアスファルトの林道を歩けばすぐ高さんらが車で待っているとの思いで、今度は林さんが先頭になり歩き始めたが、なだらかな登りがさらに延々と続き「こんなに長かったか」と信じられない思いだった。やっと下りになり、水もないので喉の奥までカラカラで敗残兵のようだった。今まで気づかなかったが、この山域には沢がほとんどなく「日本の山では歩きながら冷たい湧き水を飲めるのに」と残念だった。妻は下りになると今にも腿が痙攣しそうになり、一歩一歩ゆるい坂を下りていたが、玉山の監視所に着いても車は来ておらず、少し過ぎた所でとうとう腿がつって歩けなくなった。林道はこの先までもあり、私一人で家族を残して下ると、やっと林道の入り口の駐車場に待機する高さんらのワゴン車とタバコを吹かす林さんを見つけ、坂道の上から「足がつって歩けないので車を回してくれ」とジェスチャーしながら大声で呼んだ。高さんは「車は進入禁止になっているけど、エマージャンシー（緊急時）仕方ないね」と言って慌てて車を出してくれた。私も同乗して、道端に両足を投げ出して座っている妻を車に担ぎ込んだ。高さんの機転に感謝するとともに、林さんには最後まで一緒にいてもらいたかった。水筒の水を一杯づつもらい、喉の潤いとともに「この山は最後まできつかったが、落伍者も出さずに家族で登れた」ことに満足し、なぜか誰も玉山を振り返らなかった。「山は眺めても素晴らしいが、登らなければ本当の素晴らしさは分からない」ことが分かったのだろう。

阿里山の駐車場で皆、一旦ワゴン車を降り、登山ガイドの林さんはこのまま嘉義から飛行機で台北に帰るとのことで「シェーシェー（ありがとう）」と言ってしっかり握手し、一人で何もかもやってくれたことにもう少し何か言ってあげたい気持ちで「後で写真を送るから」と言うと「ダイジョウブ、ダイジョウブ」と言いながら運転手の林さんとワゴン車で下って行った。子供達はスーパーで飲み物を買い込み、私はホテルに預けた袋の中からハイネケン・ビールを出し、部屋で妻と乾杯した。余り冷えていないが最高のビールだった。夜は高さんも交えて食事をしたが、人で溢れ、賑やかだった食堂には、われわれ以外には工事に来ている人達だけで、地鶏の鍋を囲んでも拝雲山荘よりも寒く感じられた。

翌日は御来光を見に行くとのことで、朝五時に中国語の音声でモーニング・コールが電話にかかった。隣部屋の子供達も起こし、服を着込んで高さんの待つ玄関に出て、近くの駅まで歩いた。構内の乗客は一〇人程度で、ヘッドライトを照らしたディーゼル列車が大きな音で登って来る。列車の中は狭く、電車のように座席が向かい合い、暗闇の中を登り、われわれが歩いて三〇分で登った祝山まで二〇分もかかった。さらに着いた駅の長い階段を登ると展望台で、湯気を出して温かい飲み物や煮物を売る露店もあった。珈琲缶で体を暖めながら七時の日の出を待ち、ビデオとカメラを構えていると、玉山の右手の山の肩がオレンジ色に明るくなり、十文字の鋭い光線が目に飛び込んできた。瞬《まばた》きしている間に光り輝く太陽が昇り、辺りがパッと明るくなって二一世紀三回目の御来光を迎えた。下りの列車には日本人乗客もおり、台湾の人と結婚した娘さんに会いに来たという顎髭をは

森林鉄道の最高所の祝山駅。

やした男性は、「阿里山鉄道は日本の植民地時代に材木をきり出すため建設され、嘉義から二〇〇〇ｍの高度差をスイッチバック（列車が急な山腹をジグザグに前進したりバックしたりして登る方法）したり、一つの山をぐるぐる回ったりして四時間もかかる世界三大登山鉄道の一つなのです」と子供達に話してくれた。もう一人の男性は年金で世界を周っているようで、鉄道は高いのでバスで阿里山まで来たとのこと。これから台湾を一周するらしくバスの事情など、私の許しをもらって高さんから聞いていていた。

われわれは今日は台北泊まりであるが、嘉義まで名所を見ながら帰るとのことで、またやって来た運転手の林さんのワゴン車に乗り

21世紀（西暦2001年）1月3日の御来光を祝山から拝《おが》む。

込み、阿里山を後にした。台湾は旧正月なので二〇〇一年の元旦は阿里山の御来光で賑わったが、二日から新年の仕事も始まり、嘉義へ下る街道も車は少なかった。林さんが相変わらずカーブも飛ばすので、時折、対向車とのニアミスではらはらさせられた。羊蹄木のピンクと、ポインセチアの赤が美しいなだらかな下りになると川のない谷間にかかった大きな吊橋に出た。側に赤や黄の伽藍《がらん》が見え、学業祈願で有名な龍隠寺《ろんいんじ》とのことで新年の参拝をすることにした。天井には極彩色の仏様や蓮、龍などが無数に彫られ、奮発して紙幣を賽銭箱に入れ、留守番で受験勉強している長女の合格を祈願した。長女にと天女と龍が描かれたネックレスのお守りを買ったが、帰国後、手渡すと気味悪がり、捨てるわけにもいかず困っている。嘉義市外に呉鳳《ごほう》を奉《まつ》った廟《びょう》を訪れると、門前に「蓮華の花の雄しべと雌しべ」を干したのを売る店があった。お茶にして飲むと更年期障害によいとのことで妻は知り合いに配ると言って買い込んでいた。高さんによると、台湾では原住民と言うが、先住民がたくさんいて、近世になって中国本土からやって来た中国人と衝突しながら同化したが、先住民の首狩りの蛮習を止めさせるため地方官で漢方医でもあった呉鳳が、自らの首を狩らせたとの逸話があり、台湾では修学旅行には必ず訪れる聖所とのことだった。高さんは同じ嘉義の大飯店で「飲茶《やむちゃ》」を食べさせてくれ、エビシュウマイや五目ソバもあって、グレードとボリュームの中華料理に皆、やっと満足できた。まだ飛行機の時間があるので蘭《らん》タン湖（仁義タンとも言う）までドライブした。オランダが台湾に駐留していたときに造られた訓練用の湖とのことで、高さんも三〇年前、徴兵でここに駐屯し、湖の周りを走ったことを思い出し、また高さんの彼女がバラック（兵隊の宿舎）に時々スイカを持ってきてくれたが、いつも自分のだけ一番大きかったと嬉しそうに語ってくれた。展望台で品の良さそうなお爺さんが日本語で話しかけてきて、子供を集めて日本語を教えているが、漢和辞典を送って欲しいとのことらしく、「お金は払うから」と言われた。「日台親善のため必ず送るから」と名刺を交換した。後日、沖縄から一緒に撮った写真と頂上での家族写真を同封して送ったところ、嘉義名物の老楊というクッキーをダンボール箱一杯に送ってくれた。古い漢字だが達筆で、アメリカ人五人が玉山の登頂に失敗したニュースを最近聞いて、家中でわれわれのことをびっくりしていたと書かれていた。嘉義の軍民共用の飛行場で荷物検査を受けたが、おみやげの中にペットボトルのジュースまで入れていたため、男の検査官がしげしげと手に取って開封されていないかと見ているので、液体爆弾と思われていることに気づいた。騒音の塊みたいな小型機であっと言う間に台北市内の松山空港に戻って来た。高さんの旅行社のワゴン車に乗り、六福《れおふう》ホテルに着いた。「明日は朝の五時にロビーで再会《さいちえん》」となって別れた。部屋に落ち着く間もなく、われわれはガイド・ブックと市内地図を拡げ食事のできる店を探した。高さんに教えてもらった北京ダックの店か、沖縄にもあった海鮮料理の海覇王《はいぱーわん》か迷ったが、定番の中華料理にも飽きてきたので、少し遠いが徒歩で市内を見ながら海覇王まで行くことにした。町はすでに暗くなっていたが、無数の車とバイク、大勢の人々がかしましく行き交い、歩道はいたるところで段になっているので踏み違えるとギックリ腰になりそうだった。目の前で炒めたり揚げたりして食べさせる外食店も多く、腹が減っていたのでやたら旨そうに見えた。地図を片手に歩いて行くと陸橋のある所では道路を歩いて渡れないように金網が張ってあり、自転車は歩道を走ってピーピーと歩行者を追い立て、また歩道上にびっしり駐輪しているので道を譲るのも大変だった。交差点では台湾は右側通行なので車が来るかと右を見て渡ろうとすると後ろから来た車に轢かれそうになり、今度は左を見てタクシーが来るので手で合図して渡ろうとすると、突っ込んできた。消防署では赤い消防車の前半分が歩道に出ており、歩道には救急車が置いてあったが、帰りに同じ所を通ると消防車も救急車も出払っていた。日本では「赤信号、皆で渡れば恐くない」と言うが、ここでは「青信号、皆で渡ってもなお恐い」が本当だった。妻は食い物のためとはいえ、小一時間も足を引きずりながら歩き、お巡りさんにも道を聞くと「ハイパーワン」と頷いて指さしてくれ、遠くに「海覇王本店」の縦看板が懸けられていた。日本語が少し通じるウエイトレスに聞くとコース料理は六人からで、三〇〇〇元（一万二〇〇〇円）もするとのことで、「四人のはない」と素っ気なかった。ここまで来たのだからとテーブルに座ってメニューを見ながら注文しようとするとそれもない。入り口の柱に貼ってある料理を見ながら妻と子供達は細かく「これは何か、幾らか」と聞いては注文していた。私はビールを頼んだが二本籠に入れて持ってきて「もう一本は温かくならないかな」と案じつつ飲んでいた。汚れたエプロンをかけた厨房の男性が店をうろうろするかと思うと、カンフー映画の用心棒のようなウエイターが乱暴に皿を置き、那覇に進出した支店が潰《つぶ》れた理由《わけ》が分かった。蟹は卵の詰まったガザミ（汽水域にいる南方の蟹）で、身が固くなるほど揚げられていたが、よく咬むと味は良く、炊き込みご飯も旨かった。牛肉は空芯菜とは素材が合って油具合も良く、鯉の甘酢かけもよく揚げられ、見栄えも良かった。やっとありついた海鮮料理だったが、ビールも入れて九三〇元（四〇〇〇円弱）に妻は得意げだった。

いよいよ帰国する日の朝、約束の五時にロビーに荷物とともに降りると、高さんが待っており、まだワゴン車が来ないので隣のセブン・イレブンで子供達に朝食を買わせたが、次女は「のり巻きと稲荷のパック」を見つけていた。「台湾でそんなもの食べられないよ」と言ったが、車内で食べるとちゃんとした味で、ここの日本人向けにここに住む日本人が作っているようであった。車の少ない早朝の高速道路を飛ばし、がらんとした空港に着くと、チェックインして税関を通り、われわれが外から見えなくなるまで高さんは見送ってくれた。家族で台湾最高峰の玉山を極めることが出来たのも、名ガイドの高さんによるところも大きく、それぞれの想いと感謝を込めて大きく何度も手を振りながら台湾を後にした。

４章　未知の四〇〇〇ｍ級、キナバル山

めざすは東南アジア最高峰

赤道直下のボルネオ島に富士山（三七七六ｍ）や台湾の玉山（三九五二ｍ）よりも高いキナバル山（四〇九五ｍ）がある。南半球にあるニューギニア島のウィルヘルム山（四六五二ｍ）よりは低いが、日本からは香港やクアラルンプール経由で翌日には入山出来る四〇〇〇ｍ級の険しい独立峰として人気があり、世界遺産にも登録された東南アジアの最高峰である。中腹のロッジまでは熱帯雨林に咲く蘭やウツボカズラ（食虫植物）を楽しみながら、一五〇〇ｍの高度差を一気に登るが、山頂付近は氷河で削られた岩盤が露出し、寒いくらいの夜空には南十字星が輝く南洋の別天地である。数年前、県立病院から高気圧治療の依頼があり、患者さんについてきた快活な女医さんが、一緒に入ったチャンバー（高

気圧酸素治療装置）の中でキナバル山に登ったことを話してくれた。五、六人のツアーで山小屋まで登ったが、頂上を極めたのは熟睡できた彼女だけだったとのこと。おそらく他の登山者は高山病で頭痛と吐き気に襲われて眠れず、体力を消耗して登頂に失敗したと思われた。子供を含む家族が安易に登れる山ではなかった。

私の勤める大学病院のチャンバーはメンテナンス・フリー（整備不要）をうたって一年前にほとんどが新品となったが、機械から出る金属粉を清掃する必要が生じ、今年だけということで一週間装置を止めてオーバーホールを行うことになった。沖縄の徳洲会病院には規模は小さいがチャンバーが入り、釜開きに呼ばれた。徳田虎雄大先生のドデカイ話を聞きながら一献傾ける中で、潜水病などの急患をカバーする協力体制も整い、子供達の夏休みに合わせ、安心して出かけられるようになった。

妻は次女と通うパワー・ハウスで女子綱引きチームを仕切っており、私もできないようなスクワットや逆立ちに近い腹筋が得意だったが「こんなにやっているのに」とよく間違えられる腹には不満気だった。タバコとは縁が切れないようで、外が暗くなると私が縁側のパラソルに取りつけてやった灰皿で、煙を吹かしながらジャングルの樹海にそそり立つキナバル山に思いを馳せているようだった。次女は高二になると、九州大会で一〇〇m

ハードルの自己記録を一・五秒も縮め、推薦入学を狙っていたが、家族で登ったヒマラヤでの感想文がインターネットに流れたこともあり、夏休みならと心を動かしていた。受験生となった長女は小学生の頃は家族でサッカーもし、動きはスローモーだが弟を引き倒すのとボールの馬鹿蹴りが得意であったが、近頃はお年頃とのことで運動音痴を自負し、屋久島登山では私に五分、後五分と言われながら二時間も登らされたことで懲りていた。中学も最後の年となった長男は台湾の玉山の時にはお父さんの研究のためと、頭がクラクラする低酸素トレーニングをさせられたので「もう絶対登らない」と言い張っていた。海外登山は二ヵ月前には手配する必要があり、西表島《いりおもてじま》徒歩縦断を考えた時に親切に情報をくれたAツアーにとりあえず家族四名を頼んだ。七月に入り、長男の期末試験が終わったので、いやがる長女と長男を夕食後に二階の部屋から降りて来させ、テーブルを囲んで家族会議を開いた。「家族で海外旅行するのだから、我侭《わがまま》で参加したくないと言うなら、お父さん達は学校や塾の送り迎えもしたくない！」と横車を押し、「フランスでは親はバカンスでも進学したいのなら奨学金をもらって行くのが当たり前だ」とまで言うと、マジに取った長男は遅くまで机に向かっていた。中学最後の夏休みとあって、嫌がる塾の合宿に入れられ、鉢巻きをして大勢の中で眼鏡で勉強している長男のポラロイド写真が送られて来て、少し可哀想になった。長女は高校を卒業すると自練（自動車練習所）に通い出し、「仮免許練習中」と拡大コピーして、私の車のバンパーに取りつけてやった。バックの車庫入れではハンドルを逆に切り、車線変更ではラインの上をいつまでも走るなどヒヤヒヤもので、少しは恩義を感じているかと思っていたが、もうすぐ「一九の春」はマインド・コントロールが難しかった。長女は午後からバスで塾に出かけ、夜遅く帰ってきたが、時々、塾に通っている男の子に車で送ってもらうこともあり、親に紹介もしないので、「男に借りを作ると嫁にさせられるぞ」と脅かしたつもりが、「お父さんもお母さんにその手を使ったんでしょ」と藪蛇《やぶへび》になった。ある日、職場で忙しくしている私の携帯電話にピーピーとメールが入った。「父へ。キナバル山に行くことにしました。K」とのメッセージに「やったー！」と思ったが、すぐ「ブランドだけどバッグも買ってね」とのメール。転んでもタダでは起きず、奮発した小遣いもいつの間にかストレート・パーマになっていた。

居間に台車つきの窒素ボンベを置き、低酸素トレーニングがいつでも出来るようにしておいた。梅雨も明け、熱気が残る薄明かりの夕刻に帰宅すると、妻と息子がマスクをつけて窒素を吸入しながら汗だくで、階段の手すりを支えにステッパーを踏んでいるではないか。最近、私は足関節を捻挫して走れなくなったので、水を満たしたペットボトルを背負《せお》い、夜な夜なライトを照らして中城城《なかぐすくじょう》周辺の坂道を早足で登り降りしていたが、何と妻がそのリュックを担いで、真っ赤な顔で荒い息をしながら低酸素トレーニングをやっており、妻が低くなったように見える息子にハッパをかけていた。次女は進学校なので夏休みは遅く、ハードルでは僅差でインターハイも落としたので、早くキナバルを登って気持ちを切り替えてもらいたかった。以前、低酸素トレーニングで腿《もも》が重くなって陸上のタイムが落ちたこともあり、「お父さんの言うことは～」と疑いの目を向けていたが、キナバル登山でとんだ「しっぺ返し」を食らうことになった。

いざ、ボルネオ島へ

Aツアーの N さんから電話があり、山の話が多いのでこちらの事を言うのが大変だったが、一人追加分の航空券とホテルの予約が全て取れたとのことだった。「長女が中腹のロッジまで行き着かなかったら、脚が痙攣したら」との私の心配事に、「ガイドが良きに計らってくれますよ」と言う。不安は残るものの、妻が家計の破綻から、あるいは気分屋の子供達が「キナバルには行かない」と言い出さない事だけを祈った。

いよいよ出発の日になり、心配した台風も来ず、近所のラジオ体操の「いち、に、さん、し」で目が覚めた。洗面もそこそこに、共同装備を詰めた私のリュックからワゴン車のハッチを開けて積み込んだが、妻は遅くまで残務をしていたようで寝込んでおり、珍しく台所は片づき、応接間にまで洗濯物がかかっていた。子供達から朝食を済ませ、妻や子供達のリュックが一向にパックされて来ないので気を揉んだが、結局飛行機が飛び立つ二時間前に家を後にした。

那覇空港は新しく立派になったのに、国際線は小さく古いままで空港の外れにあったが、駐車料金が安いのが唯一の利点だった。一週間近くも車を置いておくので空港のゲートからすぐ見える所に駐車し、各々のリュックを抱え、次女と長男は勉強道具の入ったサックも背負ってロビーに駆け込んだ。すぐ荷物のレントゲン・チェックを受け、ＪＡＬもＡＮＡもチャイナ・エアも一緒になったカウンターでパスポートを見せると、女性係員がコンピューター画面を見ながら慣れた手つきで対応してくれ、台北、クアラルンプール経由のコタキナバル行きなので時間がかかったが、家族五人の乗り換えと、通し番号の座席を取ってくれた。税関では七月から出入国カードを書いて出す必要はなくなったので、家族全員のパスポートをまとめて見せるとすぐ通してくれた。機内は狭く古かったが、台北まで一時間三〇分の間にヘビーなランチが出て、ワインまでついていた。中国語の機内誌をめくっていると表記が面白かった。クロコダイル・ダンディは雷魚先生で、ミスター・ビーンは豆豆先生と言うらしい。私も職場でこのように呼ばれることもあるが、「先生」は時代劇では「素浪人」であり、ブルース・リーの映画では「空手の先生」、ジャッキー・チェーンの映画では本当に偉い先生は「老師」だった。昼間からほろ酔い加減で蒋介石国際空港のトランジット（乗り換え）に降り、出発便の案内を画面で見ていると、乗り換えるはずの651便はKL（クアラルンプール）行きではなく香港行きになっているではないか。手元のItinerary（旅行日程表）だと台北～KLが六時間半かかり、関空からだとKLまで五時間なので「ジャンボ機は速いな」と思っていたが、香港に寄港することが分かった。香港までわずか一時間二〇分であるが、すぐ中華の機内食が出て、夕食には早いのにと思いながら妻までビールを貰って平らげていた。下降を始めると雲の間から大小の島々が見え、少し大きい島では道路が周囲を巡ってブリッジで繋がり、狭い土地にビルが林立し、大小の船の白い軌跡が波のない青い海に幾つも描かれていた。着陸態勢に入ると高層ビルが密集し、近くに滑走路が見えてきた。香港が中国に復帰する以前に使われていた空港らしく、「ビルの隙間をぬって着陸するスリルを味わってみたかったね」と妻と窓を取り合った。ここも有数のハブ空港で、一度手荷物を持って機外に出されたが、ガイド・ブックを忘れた妻が機内に戻ると、古新聞と一緒にビニール袋に入れられており、「旅行者の大事な物くらい分からんね!」と半切れしていた。KLに向けて三時間半の飛行が始まったが、ヴィバリッジ(飲み物)・サービスにはジントニックなどをオーダーし、つづくディナーはマレー風ココナッツミルクのビーフ・カレーで、もちろんライト・ビールもつけてもらった。満腹感にウトウトと微睡《まどろ》んでいると日が傾きかけ、眼下には緑の田園が拡がっていた。蛇行する川や溜池の間に青いプールつきの赤い屋根の家々が整然と並び、ココナッツ樹林に囲まれた広大なKL国際空港に着陸した。われわれは国内線に移動するため、四角いガラス張りで運転手がいないエアー・トレーンに乗った。薄明かりの中に駐機する飛行機のライトが遠い異国の地にやって来たわれわれを無言で迎えてくれた。Aツアーの案内書の通り、着いた大ホールの階下に降りて税関を通ろうとするとボーディング・パス(搭乗券)が必要と言われ、階上のチケット・カウンターで国内線午後八時五〇分発コタキナバル行きの搭乗券に換えた。ついてきた息子が「お父さんと係りの人の話していること大体分かったよ」と海外旅行の成果も上がっていた。ウイング（待機棟）の最も端まで歩かされ、ドッと座って暗くなった外を見ていると、荷物を満載した四角いコンテナからベルトコンベアーにわれわれのリュックが次々に乗せられ、コトコトと傾斜を登って来るではないか。私の背負子つきリュックが最後に機体の底に積み込まれ、「荷物もついて来てくれてる！」と皆で頼もしげに眺めていた。マレーシア連邦は、マレー半島からボルネオ島まで東西二〇〇〇㎞に及び、東の最果てのコタキナバルまでの飛行は二時間三〇分かかる。ベッドで横になりたい時間だったが、機内ではまたマレー料理が出された。チキンと魚が主体（豚肉はイスラムでは食べられない）で、ココナッツ風味でよく煮込まれ、辛さもマイルドで奥深い味わいのカレーであり、グルメ・ツアーでもあった。われわれは丸一日、狭い飛行機に閉じこめられてフォアグラを作るガチョウのように食べさせられていたわけで、午後一一時三〇分（日本時間では翌日の午前〇時三〇分）の深夜に最終目的地のコタキナバル空港に着いた。リュックをカートに乗せ、ローカル空港のゲートに向かうと、小柄で眼鏡の日本人が目にとまり、われわれの名前の書かれた紙を掲げていた。Hさんと言う駐在員で、こんな所でも「どーもどーも」と挨拶してしまったが、明日ガイドをしてくれるダニーさんという小柄で黒目がちなマレー系の若い男性を紹介してくれた。外は熱帯にもかかわらず、長時間機内の空気を吸っていたせいか、むしろ爽やかで、熱風などなかった。すぐワゴン車でホテルに向かったが、道路も広く、椰子の街路樹がつづき、沖縄と似た海洋性気候であった。

麓の港町、コタキナバル

昨日は飽食状態でも熟睡した後はそれなりに食欲もあり、エレベーターで揃《そろ》って下りようと「1F」のボタンを押したが客室であった。レストランはどこかなと上ったり下りたりしていると外人さんが入って来て、ニコニコしながら見ていると「GF」のボタンを押して一階のロビーに出て行くではないか。「GF」とはGround floorすなわち一階のことで、ここの一階はわれわれの二階だった。天井に大きなプロペラが回るレストランはバイキング式で、和食以外は何でもあり、中国人シェフが多いらしく純粋のマレー料理は少ないようだった。日本人客はわれわれだけのようで、中国人のビジネスマンがポッチャリした白い手で携帯電話をかけながら、スクランブルやトーストの洋食を食べていた。多いくらいのウエイトレスやウエイターはマレー系のようだった。デザートはマンゴーやパパイヤなど熱帯果実の全てが大皿に盛られ、子供達はもちろん妻までが「もうよしなさい」と言うくらいおかわりをしていた。今日は市内観光をした後、キナバル山の登山基地であるパークＨＱ（公園管理所）まで車で行く予定で、午前九時に昨日のダニーさんとロビーで会い、荷物をワゴンに積み込んだ。コンクリート造りの家や店舗が並ぶ大通りを抜けると、入り江に丸太で支えた老朽化した木造住宅群が見えた。何百世帯もあったがすでに公共のアパートに移住しているとのことだった。木々に囲まれた円い尖塔のモスク（イスラム寺院）が木々の間に見え隠れし、青いスカーフを被った小学生達が走り回っていた。われわれは中には入れず、すでに旧式になった八ミリビデオを回していると電池切れのサインが出るではないか！　妻は十分充電したと言い張り、デジタルに換える時期だと思っていたが、とにかくここの二〇〇ボルトでも使えるコネクターを捜すことにした。原住民のロングハウス（竹作りの長屋）を模した国立博物館の赤い屋根が檳榔樹《びろうじゅ》の間に見えてきた。博物館に隣接してボルネオ各地の原住民の水上ハウスを集めた「Heritage Village（先住民村）」があり、マングローブの硬い丸太を水中に何本も差し込んで、竹で床と屋根を作り、茅《かや》を葺《ふ》いたバンブーハウスである。その一つに靴を脱いで入ると体重で家が軋《きし》み、床が抜けて下の葦《あし》の水辺に落ちそうだった。竈《かまど》もあり、土を盛って火事にならないようにしてあり、荷物は棚に置いてあり、血縁の何家族もが半裸で生活している様子が窺えた。また茅葺《かやぶ》きの小屋があり、米を貯える木桶が置かれ、天井には驚いたことには頭蓋骨が幾つか置かれていた。他の部族から取った生首ということで、大事なお米を盗むと病気になって死ぬという魔除けであった。この東ボルネオのサバ州には一〇近くの部族がいたようで、住居はジャングルやマングローブなど生活環境に合わせて工夫され、今は日本人よりリッチになったブルネイ族は立派な木造ハウスだった。そこに老人がおり、娘さんらしい女性も生活しているようで、老人はイギリス人を追い出してボルネオを占領した日本軍に協力したが、親切だったことを誇らしげにダニーさんを通じて話してくれた。博物館は立派なコンクリート造りで、各種族の結婚式や王族の生活が蝋人形でリアルに演出され、長女がよく見ようと近づくと「ギャー」と鼻を大きなガラスにぶつけていた。小高い丘に車で登るとコタキナバルは港町で、水上生活者が多いのも頷《うなず》けたが、ほとんどが埋め立てられて近代都市になり、洋館や豪邸などの植民地時代の面影はなかった。市内でダニーさんを交えて中華料理の昼食をとり、キナバル山麓のパークＨＱは標高一五〇〇ｍであるが、長女の足慣らしをやっておきたいので早々に出発した。スーパーで山用のミネラル・

ウオーターや缶ビールを買い、市外に出ると雲の間からキナバル山のゴツゴツした山頂が見え隠れしていたので、ビデオを構えていると電池切れになってしまった。近くにマーケットがあるとのことで電気店を捜すと「サンヨー」と書いてあり、娘達のトイレ番をしている間に妻が二〇〇ボルトから電源を取れるコネクターを見つけてきた。追い越し車線のある坂道を上り始めると、時折、両脇にシャクナゲの白く可憐な花が車窓より見られ、植物相も沖縄と似ており、モクマオに苔が垂れ、羊歯《しだ》が繁茂していた。プロトレック（腕時計）の高度計が一〇〇〇mを越すと車内クーラーが冷たく感じられ、窓を開けてオゾンに富んだ空気を車内に取り入れた。車の

標高1500mのロッジ前で。明日はキナバル山（4095m）に挑戦だ！

エンジン音も苦しそうに急坂のカーブを何度も切りながら登り、二時間でいろいろな人種がたむろする広い駐車場に着いた。コッテージ風の三角屋根の建物が「Kinabaru Nature Resorts」と書かれた管理所やレストランになっており、ダニーさんがフロントでわれわれのキーを受け取った。さらに坂を車で登ると管理所から歩いて行ける範囲に高級別荘地のようなコッテージがあちこちに現れ、その一つに着いた。重い木の扉を開けると暖炉が真ん中にある広い板間で、シャワーつきトイレは広く、ベッド・ルームが二つあり、家族五人分のベッドがメークしてあった。山の午後四時はすぐ夕暮れになるが、高度一五〇〇mでの足慣らしも日頃ほとんど運動をしていない長女には必要と思われたので、ダニーさんの案内のもと、そのままの格好ですぐ出かけた。熱帯植物園には散策路があり、少し下った所で入場料を払って入園した。熱帯植物が繁茂する狭い順路には蘭があちこちの木に根を下ろし、白やピンク、黄色の可憐な花を咲かせていた。半分は野生で、世界で最も小さいすずらんのような白い花弁のものから極楽鳥のような鮮やかな蘭まで多種にわたってあった。Pitcher plant（ウツボカズラ）は尾瀬沼《おぜぬま》に生えているのしか知らなかったが、大きいのはネズミも捕らえて消化するとのことであった。ラフレシアは一mにもなる世界最大の花で、昆虫を引きつけるため強烈な臭いがあり、毒々しい紅色の花肉は異星植物を思わせ、実物を見たいと思っていたが、ボルネオでも低地に生え、六ヵ月間蕾をつけて花が咲いているのはわずか一〇日間とのこと。その代わりに直径五mもあるラフレシアが作られており、花の真ん中の穴に子供達は一人づつ入ってラフレシアに食べられている振りをして写真を撮った。ぐるっと回って散策路を歩き、妻はPTAで中学校の花や苗木の世話をしていることもあり、植物学者のようなダニーさんが、手にとって見せるハーブや珍しい樹木に頷いては質問もしていた。小一時間でコッテージに戻り、市内のスーパーで買った缶ビールでここまでやって来たことに乾杯し、一息つくとダニーさんが車で迎えに来て、レストランに連れて行ってくれた。奥

食虫植物のラフレシアは世界最大だが、こんなには大きくない！

の木のテーブルに「Exotic Borneo」と書かれた予約席を見つけ、座るとすぐ定番となった中華料理が四皿ほど次々に運ばれてきた。取り皿もないので「ディッシュ、プリーズ」と言うと私に一つだけ持って来て、後で一人一人に大きな皿の中央にパサパサしたライスを盛ったのを配るので「なーんだ」と食べ始めた。欧米人の団体さんは寒いのに外で何やら楽しそうに食事をしていたが、ドイツ語も聞こえ、ヨーロッパ・アルプスでならした若者のようであった。中国系の人達も多く、カップルや中年も混じっていたが、私より若いようだった。ダニーさんは荷物を、「ここに預けて行く物」と「ポーターに持って貰う物」そして「自分で持って行く物」に分けておくようにと言い、明朝七時に迎えに来るとのことでわれわれをコッテージまで送ってくれた。シャワーに入ってから寝ようとお湯を出すが、水をたすと冷たくなり、ぽとぽと落ちる温水で体を洗って、私から床に着いた。

標高三三〇〇ｍのラバンラタ小屋へ

熱帯でも一五〇〇ｍの高地は涼しく、クーラーを効かせて寝たように冷え込んだ朝を迎えた。六時前に私がまず起き出し、洗面所の冷水で顔を洗って歯を磨くと、ついに家族を連れて途方もない高山に挑戦する日がやってきたことを実感した。眠りこける同室の妻と息子を起こし、日よけつきの帽子を被ってサングラスをして寝室の鏡を見ると、マレーを闊歩《かっぽ》した怪傑ハリマオになっていた。娘達も起き出し、長女はまだ不機嫌で準備も遅く、散歩程度と言われていたが一日で一五〇〇mもの高度差を登らされることに不安を感じているようであった。三つに分けた荷物をロッジの玄関から運び出していると、ダニーさんが少し下にワゴンを停めて待っていた。「We are ready」（準備ＯＫ）と言うと車を横づけにしてハッチバックを跳ね上げて荷物を積み込んでくれた。管理所内のレストランは登山のいで立ちをした多国籍の男女で溢れ、昨日、駐車場で会ったカナダの日系夫婦も来ていた。スカーフを被った女性給仕が同じメニューの目玉焼きとソーセージとトーストが載った皿を忙しそうに運んでいた。テーブルに座ると、すぐコーヒーと紅茶の熱いポットが置かれ、子供達は紅茶を、大人はコーヒーを注ぎながらダニーさんと登山の打ち合わせを始めた。これからガイドとポーターを紹介してもらい、標高一八〇〇mの登山口まで車で行き、そこから樹林帯の中を四時間登って、早ければ午後二時頃には頂上が展望できるラバンラタ小屋に着くとのこと。翌日は朝の三時から頂上を目指せば御来光が見られ、小屋に戻って朝食後三時間かけて下山するという八時間のハードな行程だった。外にはインディオを思わせる、黒目がちで髪を後ろに束ねた小柄な高地民族系の三人がわれわれを待っていた。ガイドはヘンドリーといい、いずれも若く、ポーターの一人は長女と同い年ということで互いに照れていた。ポーターがわれわれから預かった荷物をパッキングしている間にダニーさんと一緒にフロントに行き、奥から出してくれた鍵つきの金属箱に五人のパスポートと航空券、財布を預け、山に持っていかない子供達のリュックや衣服などを預かってもらった。実は下山したとき、停電しており、懐中電灯で真っ暗な倉庫にしまわれたわれわれの荷物を探さなければならなかった。標高一八〇〇ｍには「Mt.Kinabaru―（キナバル山国立公園）」と横に書かれたカラフルなゲートがあり、その下で欧米人の団体がカメラを交換しながら撮っていたが、われわれもその後を追って登山を開始した。私の荷物は五人分の雨衣上下と傘、自分の衣類、ペットボトルのミネラル・ウオーターにキャンディやクッキー、梅干しなどの副食で、七、八kgになったが、ヘッドライトや電池、テルモス（魔法瓶）に入った梅酒はポーターに持ってもらい、誰かが怪我したり、歩けなくなった場合の背負子を担ぎ、トレッキング・スティックで痛めた半月板（膝の軟骨）をかばうことにした。妻や次女、長男はナップサック（小さいリュック）にペットボトルの水や衣類などを入れたが、長女は和風の手提げ袋にハンカチと日焼け止めクリームを入れて、皆、軽装に努めた。ポーターは登山者一人につき五kgまで持ってくれることになっていたが、妻や子供達の着替えを入れても一五kg程度なので、レストハウスで作ってもらった昼食のサンドイッチとミネラル・ウオーターも持ってもらうことにした。少し下って手を浸したくなるような清流にかかった木橋を渡ると、沖縄の植物相に似た亜熱帯性樹林の中を半切りの丸太で土止めした階段が延々と続き、少し難所には手すりもあった。心配した運動音痴の長女もガイドのペースに遅れずに登っているではないか！　三〇分ほど汗を流すと木の屋根があるシェルターという第一休憩所に着いた。長板の腰かけに座り、妻のペットボトルから回し飲みして軽くしてやったが、第六シェルターまで水場はあるが飲まない方が無難とダニーさんに言われたこともあり、私のは最後までとっておくことにした。

頃合いを見てガイドのヘンドリーが歩き始めると長女が追うように歩き始め、時折、ヘンドリーが立ち止まり、自生する白やピンクの蘭を見せてくれ、野ネズミも消化するというウツボカズラ（Pitcher plant）も指で示してくれた。シェルターはほぼ三〇分間隔に設けられ、屋根つきのトイレもあり、登りばかりなので五～一〇分くらい体を休めて水を補給し、登山者が次々に登ってきてシェルターが狭くなると先に来た登山者が出発した。高度を稼ぐほどシェルターまでの時間がかかり、休憩時間も長くなるようだった。長女はヘンドリーのすぐ後をキープし、われわれのペースは二時間あまり歩いた後でもさほど落ちなかったが、長男はさっさと歩いて休む方がいいと言って最後尾になり、時々、私が「早く来なさい」と声をかけると「分かってるよ」と言っては急いでついてきた。朝の八時半に登り始め、一一時を回った頃に第五シェルターに到着した。ヘンドリーが仲間のポーターが担いできたリュックの中からランチの包みを取り出させながら「Let's have a lunch」（昼食にしよう）と言うので、私が「We have to walk more. Better to have lunch at next shelter」（もっと登らないといけないので次のシェルターで昼食にしよう）と言うと、少し軽くなるのにといった顔のポーターにランチをリュックにしまうようヘンドリーが現地語で指示していた。今、食事をすると胃での消化に血液を取られ、ペースが落ちるか、登りがきつくなると腹も痛くなることも考えられ、まだ空腹感のないわれわれにはもう一シェルター頑張った方が良いとの判断だった。歩き始めると樹林帯は低い灌木となって岩盤が露出し、急な箇所ではロープが張ってあり、体を軽くしておいて良かった。ランチは柔らかいチキン・サンドイッチで、酸っぱい青リンゴは食欲をそそり、一緒に入っていたミネラル・ウオーターは水の少なくなったわれわれの助けになり、食の細い長女までランチを平らげていた。トレッキング・ウオッチを見ると午後一時を回っていたが、高度計ではラバンラタ小屋までまだ三〇〇mあまり登らなければならないので食事もそこそこに出発した。標高三〇〇〇mを越えるとさすがに空気は希薄となり、歩行もペースが落ち、時々立ち止まって大きく呼吸しながら心臓の鼓動を静め、またゆっくり登り始めるのを繰り返した。本日の行程最後の第六シェルターに着いたのは午後二時過ぎで、六時間近くも歩いたことになるが、皆話をする余裕もあった。高度計が三一五〇mを示すあたりで、先頭のヘンドリーがこの先がラバンラタ・レストハウスだと言う。六時間を優に超していたが後一〇〇m以上登らなければならず、難所のロープを越えた所で息を整えていると、寒いくらいの霧の中から三階建ての黄色い屋根の洋館が現れた。すでに到着してカメラを構えたり、タバコを吹かしている欧米人や中国人の登山者らの脇を、踏み石伝いに進むと入り口にダブルドアがあり、その前の高床にリュックを置いてヘンドリーがチェックインしてくるのを待った。皆やっとたどり着いた悦びよりも疲労から口数少なくしゃがみ込んだ。われわれの部屋は二階にあり、ポーターに担いでもらった荷物も持って入ると二段ベッドが三つあった。上のベッドを子供達に使わせ、疲れた体をベッドに横た

えると妻や子供達はすぐ眠りについたようだった。私はテルモスの梅酒を蓋をコップにしてチビチビやり始めたが、いつもの甘酸っぱくまろやかな味ではなく、三杯飲んだが不快な酔い方だった。向かいのベッドに若い女性が戻って来て、日本人かと思って日本語で挨拶すると中国人だった。英語は堪能で台湾でOLをしているとのこと。痩身ながら笑顔が美しい爽やかな女性で、沖縄とは隣人でもあり、台湾の玉山に登った経緯も話すとさらに親しみが湧いてきたが、起き出した妻に「そこまで」と待ったをかけられた。

夕食までまだ時間があるので外に出る

ラバンラタ小屋からは氷河にえぐられた白亜の岩壁と奇岩が迫る！

と、レストハウス前にはヘリが着陸できるくらいの平地があった。中央に三本の長いポールが立てられ、マレーシア連邦の赤白のストラップの国旗とサバ州のキナバル山が描かれた州旗が時折、微風にたなびいていた。岩の上に座って痛い臀部を我慢しながらガス（山霧）の間から見え隠れするキナバル山を眺めていると、白い煙幕が左から右にさっと引かれ、周囲が逆光気味に輝く巨大な山容が現れた。露出した花崗岩がプラチナのごとく純白に輝き、あちこちの岩盤から湧き出る水が黄金色に輝いていた。ロバの耳のように根元で曲がり先端が尖ったペアーの岩峰や、鉤鼻《かぎばな》で顎の出た横顔を連想させる「Ugly sister（醜い尼僧）」と呼ばれる奇岩群もある。鋭角や鈍角の岩峰、垂直にそそり立つ絶壁など、太古の氷河によりえぐり取られて残った剛い岩盤が奇怪な頂上を創っていた。慌てて妻や子供達を呼びに戻ると、妻はちょうど二〇〇ボルトのコンセントから部屋のヒーターを抜いて現地で買ったコネクターでビデオの充電を終えたところだった。起きてこられない子供達を残して妻と外に出ると、真っ白な煙幕が張られてわれわれのレストハウスしか見えなかったが、暫くすると山頂の奇岩が見え隠れしてきた。そのうち一気にキナバル山全体が圧倒する迫力で間近に現れ、妻も固唾《かたず》を飲んで見入る中、ビデオを回し、カメラをパノラマで何回もシャッターを切った。

夕食は六時にダイニング・ルームに準備され、肌寒いので長袖を着けて円い木のテーブルに五人で座ると、やはりマレー系給仕が温かい卵スープを持ってきてプラスチックのお椀に注いでくれた。鶏肉の炒め物や八宝菜など中華の定番四皿が運ばれ、パサパサしたライスを真ん中に盛った皿が出てきて、いずれも量が少なかったが、五人とも食欲もまずまずで残らず平らげ、デザートのスイカとパイナップルのスライスで満足できた。誰も頭痛や吐き気などの高山病症状を訴えなかったが、ダイアモックスを一錠づつ服用させた。部屋に帰り、ポーターには済まなかったが担ぎ上げてもらったカールスバーグのビール缶で妻と晩酌したが、やはり肝臓まで疲れているようでビールの爽やかさはなかった。

四〇九五mへの挑戦

朝食抜きで午前三時に出発すると、頂上で御来光が見られるとのことで、すぐ床についたが、妻はもっと寒くなると聞かされ長男と一緒に寝ていた。皆すぐ寝入ったようだったが、私は頭痛はなく呼吸も楽であったのに寝つきが悪く、寝返りをしたりまどろんでいるうちに少しは寝たようだった。午前二時になり、同室の女性が出発の準備でゴソゴソしたり、部屋を出入りしているので、われわれも起き出したが、長女は私が「小屋で待っていればいい」と約束したと言い張り、毛布を被って上段のベッドで寝たふりをしていた。私と妻が「ここまで来られたんだから頂上まで行けるから」と説得するも、頑として起きようとはしなかった。長女を除いて皆洗面を終え、ナップサックを持って玄関で待っているガイドのヘンドリーに会ったが、やはり長女が出てこない。妻が切れて長女の所に行き、中から部屋の鍵までかけてしまって、何やら甲高《かんだか》い声で叱責している。「人生には頑張らなきゃならない時があるんだ！　努力もしてみないで一生後悔することになる！」と何度も言っているようだった。ヘンドリーも事情を知って困惑していたが、腕時計は三時三〇分を回り、いつまでもこうやっているわけにもいかず、ドアをノックしようとするとドアがドンッと開いて妻が怖い顔で出て来て、その後から長女が怒り泣きしながら手提げ袋を持って出てくるではないか。「ほっとした」と言うより「良くやった」との感慨で娘の手を取って励ましてやりたかったが、逆効果になりかねないので「We are ready」（準備ＯＫ）と言って、無言で長女の手荷物を私のリュックに入れ、ヘッドライトを点けて渡し、ガイドのすぐ後を歩かせた。星明かりだけの中を六つのライトの灯りが登り始めると、ロープを両手で掴《つか》んで体を引き上げなければならない岩場も多く、夜露に濡れて足元が滑りやすかったが、長女までが難所をガイドに励まされながらクリアーしていた。標高三五〇〇ｍになると空気もさらに希薄になり、妻や子供達は頭痛と吐き気を訴え始め、私までが胃が捻られるような不快感に襲われて座り込んでしまった。ウエスト・ポーチから薬袋を取り出し、一人づつダイアモックスとバファリン（アスピリン製剤）を一錠、プリンペラン（吐き気止め）二錠を手渡して私も最後に水と一緒に飲んだが、登る気力と体力があっても高山病に打ち負かされそうだった。とにかくまた歩き始めたが五分もしない内に吐き気が消え、風邪を引いたような頭痛も無くなっていた。山小屋の灯りが上の方に見え、夜空はガス（山霧）が消えると満天の星で、南十字星を探すことすら忘れていたが、北半球では冬にしか見られないオリオン座が輝いていた。灌木もなくなり、岩だけになる頃、標高三八〇〇mのサラサ・フュッテに着いたが、皆気分も多少良くなっているようであった。暫くジグザグに急坂を登ると広大な傾斜したテラス状の岩盤地帯に出た。林立する奇岩が夜明けの空に黒い姿を現し、「ロバの耳」や「醜い尼僧」と名づけられた岩峰も正面に迫っていた。ヘッドライトを回収して私のリュックにしまい、奇岩を右に見ながら進むと、幅数百mの白い花崗岩からなるテラス（平らな岩盤）がやや緩い傾斜で、目指す山頂のローズ・ピーク（Low's peak）四〇九五m方向に延々と広がっていた。一本の白い五㎝径くらいのロープが真っすぐに、所々岩に固定されてどこまでも延びており、傾斜が急な所ではロープに取りつき、ゆるやかな所では湧き水や夜露で濡れたツルツルの岩盤の上を慎重に一歩一歩登ったが、妻と長女と次女はすぐ息が切れ、腰を屈めて休むようになった。三人が手を取り合って登るも、ついに歩けなくなってしゃがみ込んでしまった。少し休んでいたが日はすでに上がり、七時近くになっており、陸上でならしている次女までが頭痛と吐き気で一歩も進めないことは最悪の事態であった。「お父さんがI

（長男）を連れて頂上を往復するからここでヘンドリーさんと待っていなさい」とガイドの同意を得て歩き始めようとした。「私も行く」と妻が言うので「これ以上、無理すると足にきて、降りられなくなるから駄目だ」と振り切って行こうとすると長男が「お母さんが行かないなら自分も行かない」と言い出し、ガイドも困ってしまった。妻が「後《あと》から行けるところまで娘達を連れていくから」と長男に言い聞かせた。延々と続くテラス上をロープを伝って上る登山者は遥か先に点々と見えるが、頂上から降りてくる登山者の方が多くなった。小高い丘を越えると四五度に切り立つピラミッドのような最高峰のローズ・ピークが現れ、頂上を目指して登山者が蟻のように手足を使って最後の登りに挑んでいる様子が分かった。長男も遅れがちになり、ローズ・ピークの基部に取りついたのは私の方が早かったが、ロープはあるものの、手足を使ってのロック・クライミングはかなりきつく、振り向くと長男がどんどん登ってくるのが見えた。ラバンラタ小屋で同室だった中国人女性が降りて来て、私一人なのに驚き、妻と娘はテラスで歩けなくなっているので「They may not make it」（登頂できないかもしれない）と言うと気の毒そうに下りて行った。数人しか居なくなった頂上は寒くはなく、風もない代わりに、雲海に阻《こば》まれて近くの奇岩と広大な白亜のテラスが見えるだけで、キナバル山を征服した感慨よりも家族で登れなかったことに沈んだ気持ちになった。すぐ長男が息も切らさないで登ってきたが、ビデオ・カメラのズームで妻達の方を見ていると、なんと次女が妻の手を引いてドンドン登ってくるではないか！　別れたときの腰を屈めた苦しそうな歩き方ではなく、背筋も立て大股で、むしろ妻が腰を屈めて歩いているではないか！　ローズ・ピークの基部に取りつく直前に次女が頂上を見上げた瞬間、大きく手を振ると、元気に手を振って返し、すぐ二人は再び登り始めた。妻も「Tag of war」（綱引き種目）をやっている腕力で岩を掴《つか》み、ぐんぐん登ってくるではないか！　ほどなく人気のなくなった頂上で互いの肩を抱き合って再会を悦び、家族四人ではあったが、降りようとする中国系の若い男性に写真を撮ってもらうと、急に長女の事が心配になった。遠くを眺めると長女がテラス上にヘンドリーと立って一緒にじっとこちらを見ているようであったが、これ以上歩く気配はなく、われわれが降りて来るのを待っているようであった。妻の話によると次女は私が別れた所で大の字になってピクンともせずに眠りに入ったそうだ。下山する登山者が「Is she all right?」（彼女、大丈夫？）と心配して通り過ぎて行くが、次第に次女の周りに人集《ひとだか》りができ、皆が見守る中で体がピクンとしたかと思うと両目をパッチリ開けて起き上がり、「お母さん行こう」と言って周りの人達を驚かしたという。次女が言うには熟睡した後、頭痛はなくなり、気分もすっかり良くなったとのことだった。

　ラバンラタ小屋には一〇時半までには帰らないと朝食は食べられないので、すぐ降り始めたが急峻な岩場は腿にきて、ゆるやかなテラスに戻っても濡れた岩が多く、両手でスティックを突いて歩くのが精一杯だった。かえって妻や子供達は下りは速く、足取りもしっかりしており、毎晩一〇kgも背負って坂道を歩いてトレーニングしていた自分が情けなくなった。やっと長女とも合流して家族揃ったわけであるが、長女はヘンドリーに励まされて頂上が見える所まで登ってきたという。運動は何もやっていないのにここまで来られただけでも誉めてやりたかった。

キナバル山頂（4095m）を征した4人。

後は皆で下山するだけとなったが、テラスを後にすると急峻な岩場の下降がつづき、暗い中、高山病に苛《さいな》まれながらよくこんな所を登ってきたものだと思った。腿を酷使しながらサラサ・フュッテを過ぎ、やっとの思いでラバンラタ小屋まで戻ってきた。朝の三時半に発って一〇時に帰ってきたわけで、六時間半も経過していた。まずダイニング・ルームに行くとわれわれの予約席だけが残っており、すぐ温かいコーヒーと紅茶、そして目玉焼きとソーセージの皿が運ばれ、皆空腹感も出てきたようでトーストも平らげ、子供達はデザートはないかと聞くくらいに元気になっていた。休む時間もなく、ポーターに持ってもらう荷物を玄関で渡し、すぐ下りにかかった。上りは三〇分毎にシェルターがあったが、下りはおよそ二〇分毎にシェルターで休み、腿の筋肉をほぐし、また下りで腿を踏ん張って酷使するのを繰り返した。妻は私が膝と腿と腰をかばってスティックで一歩一歩下りるのを気遣い、途中、リュックを背負ってくれたりし、長い長い三時間半をかけて午後三時を回っていたが、登山口に無事たどり着いた。「Exotic Borneo」と書かれたワゴン車が日本語を使うマレー系男性と待っていたが、ダニーさんは明朝迎えに来るとのことで、パークHQ（ヘッドクオーター）までガイドのヘンドリーらも乗せて下り、預けた荷物と貴重品を受け取った。ガイドとポーターには米ドルのチップを感謝を込めて渡すと皆嬉しそうに別れを惜しんでいた。

近代都市クアラルンプールを歩く

キナバル山を後にしたわれわれは、濃霧の中をワゴン車でヘッドライトを点けて下り、途中で準備された中華レストランで遅い昼食をとって一息ついた。休憩を兼ねて土産品店に立ち寄ったが、キナバル山の勇姿が描かれたTシャツに「I came. I saw. and I conqured.」（私はやって来た。キナバル山を見て驚愕した。そして征服した。シーザの言葉）「Nothings impossible after I conqured Mt. Kinabalu.」（キナバル山を征服した自分には出来ないものは何もない）とも書かれ、気に入ったので買い込んだ。車内の暑さを感じてクーラーを入れてもらう頃、薄暗くなったコタキナバル市内へ戻って来た。最高級ホテルのパシフィック・ストラの広いロビーには日本人客もおり、妻の「日本yen、OK？」でも通じる所だった。明朝は六時発の飛行機に間に合うように五時前にダニーさんが迎えに来てくれるという。運転手には下山が遅れたわれわれを二時間以上も待っていてくれたこともあり、幾らかのリンギット（マレーシアドル）を手渡して別れた。ホテルは二室に別れて泊まったが、大理石造りで、ベッド脇の引き戸を開けると鏡張りの浴室が丸見えになり、このアダルトな雰囲気はまだ子供達には分からないようだった。疲労感は意外になく、まだ夕食には早く感じたので次女と息子はイスラム風大庭園の中にあるプールに行き、私は妻とホテルのショッピング・プラザを回った。部屋に戻って冷蔵庫のビールを開けるとまだ味がいまいちで、内臓は疲れているようだった。ホテルには様々なレストランがあるようで、子供達を迎えに行った時、脛《すね》までの黒い装束でヘッドバンドをした男女が、山中でポーターらが口ずさんでいたような歌声にのって軽快に手足を動かしているのが、プールサイドから見えた。われわれにはバイキング・スタイルのレストランが予約され、怪しげな海苔巻きもあったが、いままで中華尽くしだったのでエキゾチックな羊肉のピリ辛やスパイシーなエビ料理に食欲をそそられた。マンゴージュースやドラフト（生）ビールもつき、気配りされたパーソナル・ツアーだった。

キナバル山での汗や疲労をデラックス・ホテルで落としたわれわれは、夜明け前にロビーで待つダニーさんと再会し、登頂に成功したわれわれを驚きと敬意を持って迎えてくれた。午前六時発のクアラルンプール行きは国際便のフライトに合わせてあり、四時発もあって午前の二時に迎えに行くこともあるという。まだ暗い市内を走り抜け、コタキナバル空港に四日ぶりに戻って来た。ダニーさんが私のエッセイを日本語の勉強として読みたいとのことで名刺を交換した。われわれがチケット・カウンターからイミグレーション（税関）を無事通過してウイング（待機場）に向かうまで見届けてくれた。

マレーシア連邦のＫＬ（クアラルンプール）空港は東南アジア屈指のハブ空港で、関空や成田がせせっこましく見える。カートに大きなリュックを山積みにし、「タクシーにはとても乗せられないし」とワゴン車を探していると、手頃なバンが何台か停まっており、ルーフにはタクシー・マークがあって料金メーターもついていた。イスラム系の運転手がニコニコしてやって来たので、「われわれはＫＬのMingcourte Vista Hotelに泊まるが、まだ早すぎるのでまずBatu cave（バツー洞窟）を見てからホテルに行きたいがどのくらいの運賃か？」と聞くと二〇〇リンギット（六〇〇〇円）と言うので信じることにした。車の後ろと助手席に荷物を置き、われわれ五人は向かい合って座った。時々、料金メーターを交代で見ていると、高速に入る前に給油している間もメーターは動いており、子供達まで不信感を持った。ＫＬ市内まで一時間かかり、さらに三〇分北に走るとバツー洞窟前の駐車場に着いた。妻は今日になって痛くなった腿を引きずりながら車から出てきたが、二七二段もあると言う階段が延々と続き、遥か上に洞窟が見えると、「私にここを登らす気」と怒り出した。「じゃ、俺が登って来るからここで待っていればいいさ」と言うと、「ここまで来たのに登らないで帰れるわけないでしょう」と手すりにしがみつき、娘達に小脇を抱えられて一歩一歩登り始めた。長女が急に「やだー」と言うので振り返るとスカートに鳩の糞が落ちてきたようで、ハンカチを頭にのせ、私もハットをウエスト・ポーチから出して被ったが、「キャー」と降りてくる中国系女の子の茶髪にも命中していた。巨大なひんやりした洞窟で、天井を見るとコウモリかと思ったが無数の鳩が住みついており、難行、苦行をするヒンズー教の神々が祭られているようだった。妻は降りる方が腿にきて大変で、丸っこい体なので転がり落ちないか心配だったが、「修行になったと思えばいいさ」と同情してやった。駐車中もメーターは動いていたが、ちゃんと目的のホテルまで連れて行ってくれ、料金も法外ではなかったので、明朝六時に来て空港まで送ってくれるかと言うと「Trust me」（信用してくれ）と言って名刺をくれ、ホテルのフロントでわれわれのルーム・ナンバーを聞いていた。

まだ午前一一時だったが、チェックインできたので二部屋の鍵をもらい、リュックなどカートに積んだ荷物は、ルーム・ナンバーをベルボーイに教えて部屋に入れておくように

バツー洞窟の長い階段を下る妻。

頼んだ。手荷物を部屋に置いておこうとエレベーターで上がると、案の定まだルームメーキングはされていないではないか。すぐホテルを出て、世界一高いペトロナス・ツイン・タワー（四五二m）に行こうと、タクシーからすぐ近くに見えたスカイブリッジ（空中の通路）で繋がった摩天楼を捜したがここからは見えない。ガイド・ブックの地図を覗くとホテル前はアンパン通りといい、日本人には分かりやすく、西に少し行くと尖塔のツイン・タワーが覆い被さってくるように見えた。四車線の道路を渡ろうとするとどこにも歩行者用信号がなく、子供を抱いた若いカップルが、次々に時速五〇～六〇㎞で走ってくる車の狭間をぬって横断している。手を挙げても車は減速せず、この家族は中央分離帯で呼吸を整えて反対車線に挑んでいた。命がけだが他にチョイス（選択肢）はなく、足を引きずる妻の小脇を息子とで抱え、突っ込んでくる車の狭間をぬって道路に出るのだが思うように渡れない。その内に数台の車が猛スピードで近づいてきて、一瞬恐怖を覚えたが間一髪で妻を道路の反対側に運び切った。娘達は中央分離帯で立ち往生しており、大きい声で「今だ！」とハッパをかけ、内股で走る長女に「早く！　早く！」と皆で応援し、三途の川を渡る思いだった。ツイン・タワーの下に別の建物のSuria（太陽）という最先端のショッピング・センターがあり、中は大きな空間になっていて、内側の周囲に六階までテナントがあり、マレー系、中国系、イスラム系の人種の坩堝《るつぼ》で、土曜日なのでどのショップも込み合っていた。ワンピースだけを売る高級感のある店に妻と娘達が入り、息子も人並み以上の身長になったが幼さの残る顔で吊り下げられた服を手にとって見ていたが、店員の女性が変な顔をして笑っているので、ふと入り口を見ると「マタニティー専門店」と書かれていた。こんな所でも間違えられたらしく妻が子供達を呼びながら急いで出て来た。ツイン・タワーに行くと下はホテルやオフィスになっており、エレベーター乗り場も分からず、戻ってSuriaの案内嬢に聞くと、登るには前日に予約が必要で、それも八〇〇人に限定されているとのこと。諦めてタクシーを拾い、私が助手席に、妻と子供の四人が後部座席に強引に乗り込んだ。運ちゃんはいやがる気配もなく、「KLタワー、プリーズ」と言うと頷いて小高い丘を登って行き、世界で四番目に高いタワーに着いた。見上げる間もなくチケットを買ってエレベーターに乗ると、耳がプチプチする。一分間でガラス張りの展望台（二七六m）に着いた。外を見ると世界一高いツイン・タワーが同じくらいの高さで迫っていた。片方のビルを日本に、もう一方を韓国に造らせて空中通路で繋いだとのこと。KL市内は高い所から見ると、林立する高層ビルの中に整然とした道路網が敷かれ、緑の公園も多く、マハディール首相らが二〇年かけて築き上げた東南アジア有数の近代都市であった。階上の展望レストランに行こうとすると下の入り口で予約する必要があるとのことで、エレベーターで下まで降りると今度はディナーは三時半からと言われてしまった。午後一時を少し回っただけなので入り口近くのレストランに入った。ウエイトレスはマレー人だったがシェフらしい中国人が出てきて、われわれの注文に頷きながら厨房に入っていった。ピリ辛のエビ入りラーメンは細麺が上に、太麺が下に入っており、マレー風の魚頭スープで、鱗が気になったが濃厚かつまろやかな味だった。帰るとき外でまた会った中国人シェフに「Very good!」と言うと嬉しそうに「どうもありがとございます」と言って、「How do you do!」は日本語で何というのかと聞かれた。外に出るとタクシー案内所があり、「国立博物館に行きたい」と言うと「一二リンギット。ファイブ・パーセン」と言う。五％の消費税のことかと思ったが、息子が五人で乗ることだよと教えてくれた。丘を降りて少し郊外に緑地公園があり、格調ある建物の前でタクシーを降りた。五人も乗ったので「サンキュー」と言って二〇リンギットを払ってあげた。玄関らしいが大きな建物と少し離れたゲートがあり、白いスカーフをかぶったおばさんが二人座っているので入ろうとするとタオルをくれ、一リンギットだと言う。臭いもしたので有料トイレと気づいた。今度は、建物に入ろうとすると守衛に「ここは出口だ」と言われた。ぐるっと回って階段を登り、やっと入り口に着いたが妻は「こんなことまでして見る価値あるの」とトイレにつれてってくれた運ちゃんを恨みながら私も同じ質問をしたかった。イスラム風の制服を着た地元の小中学生の集団が英語を話す先生に引率されて来ていた。規律はおおむね良かったが走り回るやんちゃ者もいた。蝋人形で出来た民俗衣装を纏《まと》った昔の庶民や王族がリアルで、ジャングルの中のオランウータンやマレー熊は剥製ながら可愛かった。息子が急にお腹がおかしいと言いだした。昼食にでた生水に当たったらしく、さっきの有料トイレに裏口から行かせたが、トイレには紙がなく、おばさんからティッシュペーパーを買ったが薄くペラペラで難儀したらしい。息子を待っている間にイギリス植民地時代や日本軍占領下のマレーシアを知りたく、売店のイギリス系女性に聞くと歴史コーナーは改造中で閉鎖されているとのこと。

博物館の外へ出るとタクシーはおらず、係りの人に聞くとそこの大通りで拾えとのことで待ったが、いっこうにタクシーはやって来ない。駐車場の向こうを見るとタクシーが停まっており、五人で足を引きずりながら行ってみるとタクシー乗り場ではないか。係員のいい加減さに呆れたがとにかく乗り込み、ショッピング・センターと告げるが分からないらしい。ガイド・ブックに出ている写真を見せると、走り出し、写真と同じ入り口に連れて行ってくれた。大きな二階建てで、様々な小売店がビッシリ軒を連ね、地元の人や観光客で一杯だった。妻や娘達はショッピングに夢中になって離ればなれになるので、「着替え室から日本人の女の子が消えてしまったり、拉致《らち》されて人買いに売られた話もあるんだから一緒にいなさい」と言いながら目を離せなかった。私は棚の上にあるココナッツ・チョコの缶を落としてしまい、店のおばさんが「このー」と睨むので三つも買わされてしまった。セルロイドの蝶々はトロピカル・カラーで磁石になって冷蔵庫などにくっつくもので、職場の女性（複数）のお土産にコッソリ買ってしまった。大きなトレッキング・サックが二〇米ドルでいいとのことで購入し、買った物を詰め込んで、まだ未練のある女どもを追い立てて外に出た。

「Sogo」は日本系のデパートだが、地元の品揃えがいいので、ぜひ見てみたいと妻が言うのでガイド・ブックの地図とトレッキング・ウオッチのコンパス（方位磁石）を頼りに雑踏の中を北に歩き始めた。喉が渇いていたのでマクドナルドの前にテーブルが空いているのを見つけ座りこみ、ミルクシェイクを子供らに買いにやらせた。屋台でグアバジュースを売っている頬被りをしたおばさんのテーブルらしく、慌てて路上の石台に移ってミルクシェイクを飲んだが、ここのは生温かかった。すっかり暗くなって道の標識も見にくくなったが、やっと「Sogo」に至るはずの「ラーマン通り」を見つけた。横断歩道が赤から青になったので渡ろうとすると、点滅しただけですぐ赤になり車がドッと走ってくるので泡を食ったが、歩行者を見ると信号とは関係なく車が詰まった頃合いを見てさりげなく渡っていた。「ラーマン通り」は先細りで暗くなり、これ以上先に行く気になれず、タクシーも客が乗っていて拾えなかった。戻ってくると通りの反対側は歩行者天国になっており、人波につられて橋を渡るとライトアップされた宮殿が浮き上がっていた。ランドクルーザーのショーがポップ・コンサートのように姦《かしま》しく、ステッカーだらけの日本車が目立っていた。妻は「Sogo」にこだわり、ラッキーにもタクシーが来たので五人乗り込むと、中国系運転手は「Five persons! Police problem」（五人ですか。警察がうるさいので）と顔を顰《しか》めた。「Very sorry. But, we are family」（済みませんが、家族なので）と言って出してもらった。「Sogo」と書かれた明るい照明のデパートの前に着くと、制服の男達がタクシーを待ちかまえており、警察かとドキッとしたがタクシー待ちの列に割り込もうとする学生らしく、チップをはずんでも表情を変えない運転手はもう他の客を乗せていた。「Sogo」は天井が高く、スペースを十分に取った大型デパートで、ドルや円、クレジットカードも使え、日常品から高級品まで内外の商品がふんだんにあった。新しいリュックも満杯となり、手提げ袋を抱えて身動きも出来なくなったので、ファースト・フードを集めたフロアーでマレー風ラム（子羊の肉）のサンドイッチやピリ辛チキンの唐揚げを注文し、食料品売り場の椅子に座って買った缶ビールまで開けて夕食を済ませた。

デパートの外では相変わらずタクシーを待つ人が数十人も列を作っており、われわれは五人で荷物も多く、二台に分乗すると「今生の別れ」になるやもと困っていると、KL空港で乗ったのと同じようなワゴン車が入って来た。おそらく割り高なので他の客は敬遠しているのだろう。われわれは助け船とばかりに各自の荷物を抱えて走り寄り、「二〇リンギットかかるよ」と言う運ちゃんに「OK、

ライトアップされたクアラルンプール市庁舎。

OK」と口々に言いながら乗り込んだ。Mingcourte Vista Hotelはすぐ近くだったが、なんとか帰って来られたことに感謝し、ロビーに入ってフロント脇を見るとまだわれわれの荷物がカートに積まれたままで置かれているではないか！　再度、ベルボーイに部屋に運んでくれるよう頼み、部屋で荷物を待ったがシャワーを浴びた後も運ばれて来なかった。埒《らち》があかないので息子とロビーまで下りて行くと、日本人客の団体が大勢で受付をしており、自分たちでカートを押して部屋まで荷物を運んで来たが「われわれがドロボーだったらどうするね」と言ってやりたかった。時計を見ると午後一一時を回っており意外に思ったが、マレーシアは東西に長い国で、西端のKLはサマータイムのように日没はかなり遅いようだった。寝酒にと「Sogo」で原価で買ったビールを飲んで、さらに冷蔵庫から高価なスコッチを出したが、朝見ると冷蔵庫のビールとブランデーもなくなっており、妻は始末をしているようで贅沢もしておった。

翌朝は、六時には朝食抜きでホテルを出る必要があり、膨れあがった荷物と一緒にロビーに出ると、六時ジャストにワゴン車がホテル前にやって来た。昨日の運転手が「イスラムの人、皆、約束守る」と言った顔で荷物を入れてくれた。早朝なので四五分でKL空港国際線ロビーに着き、残ったリンギットや小銭をチップにして渡した。案内嬢に「チャイナ・エアはどこか」と聞くと、「ヒッシュ」と言う。「フィッシュ？」と何回聞き直しても「ヒッシュ」で、Hのチェックイン・カウンターを指さし、私の掌《てのひら》にHを書いてくれるではないか。日本でもH（エイチ）のことを「エッチ」などといい加減な発音をするが、よく国際線の案内嬢をしてますな！

帰路も香港経由で台北に戻ることになったが、機内で長男は座席のテーブルを出して枕に顔を埋めて苦しそうにしており、昨日のタワーで飲んだ水が悪かったようだった。チャイナ・エアは華僑のジャンク（昔の中国帆船）のようなもので、荷物に重量制限があるので機内に何でも持ち込み、大きなバッグを横にしたり縦にしたりして頭上のラックに押し込んでいる髪の薄いおじさんや、茶髪のおばさんが大きな電気釜の入った箱を押し込んでおり、そのケースには眼鏡の奇態《けったい》な男が釜を抱いている姿が印刷されていた。長男は機内食も断り、ラックB（整腸剤）を飲ませるも熱まで出て、下痢はないが検疫で引っかかると香港で足止めを食らうので、妻の頭痛薬とポラミン（吐き気止め）をさらに飲ませるとぐっすり眠った。香港では怪しまれずにトランジット（移乗）し、機内では生温かい水しか出てこなかったが、冷たいミネラル・ウオーターを買って飲ませると少し楽になったようであった。台北のトランジットでベルトコンベアーの歩道を歩いていると、「毒物

（麻薬）所持者即死刑」と怖ろしげなことが書かれていたが、那覇行きの機上では沖縄県人も多く、長男も安心したのか元気になっていた。那覇空港では検疫と税関を難なく通過し、夕暮れ時の駐車場にわが家のデリカ・ワゴンを見つけた。膨れあがった荷物と一緒に家族五人が乗り込むと、エンジンも一発でかかり、この冒険旅行を全て成功裏に終わらせた静かな満足感があった。

5章　霊峰、夏富士への挑戦！

巣立つ子供たち

七月に入ると沖縄から二泊三日、三万七〇〇〇円の富士登山ツアーが新聞に載り、今や富士山は誰もが気軽に登れる日本の最高峰（三七七六m）となった。その昔、私がまだ学生で、北国の冬が終わろうとする頃、単独行でピッケルとアイゼンで挑《いど》んだが、頂上直下で猛烈な突風に見舞われ、滑落の恐怖から逃げ帰ったことがあった。夏の富士山は人混みの中をズックで登る超庶民的な山であり、四〇〇〇m級の高所登山家を自負するようになったわれわれはむしろ敬遠していた。暮れに予定していたハワイ島マウナロア山（四一六九m）は「長女が受験なのに」と家族中から顰蹙《ひんしゅく》をかい、年末年始の救急当直を手伝って、学生や壮年リーグでサッカーをしただけで二〇〇二年が明けてしまった。長女は

「沖縄はもういやだ！」と信州の大学に行ってしまい、長男は一二月だけ勉強して娘達と同じ高校に入学できた。次女は来年が受験とあって、あれほど打ち込んだ陸上も切り上げてピリピリしていた。

長男がまだ生まれてない頃、私が東京の学会で初めて発表する折、妻が幼い娘二人の手を引いてディズニーランドに出かけたが、春休みとあってもの凄い人混みにあい、入場券や冷たいドリンクも一時間並んで買わされる有様で、アトラクションも何一つ乗れなかった。羽田から最終便で帰る時、次女の手を引いてさっさと飛行機に乗り込み、抱くには大きい長女は私の航空券で乗ることになり搭乗口で足止めをくってしまった。妻はいまだにそのことを根に持っており、もうすぐ巣立つ子供達を東京ディズニーランドという飴玉でつり、富士山の御来光を見せて学業祈願をさせる一石二鳥をねらった。長女は信州特産の「ソースカツ丼」なる「洋食を無理やり和食にした」のを食べながら、一人寮生活を始めたが、五月病がこじれ、大都会への憧れから大学を受け直すと言い出した。携帯電話は取らないのでEメールでやり取りしていたが、突然、五日間も入院していたことが分かり、どうも肝臓をやられたようだった。次女が言うには痩せグスリを飲んでいたらしく、「御芝堂減肥絞嚢」という漢方の痩せグスリが、肝障害を引き起こす成分を含んでおり、日本でも若い女性が死亡したことで、連日大騒ぎになっていた。中国人の社長は薬箱に奇態《けったい》な顔写真まで出し、「中国では薬を飲んで自分に合わなければすぐ止める」と嘯《うそぶ》き、とんずらしたペテン師だった。富士登山は勧められなくなりディズニーだけ一緒することになった。

二泊三日でディズニーと富士登山をこなすハードな計画を立てたが、次女は金沢のオープン・キャンパスに行きたいと二日前に出発することになり、小松空港近くのホテルをインターネットで予約してやり、羽田で落ち合うよう航空券を特割りでツーリストに頼んだ。長男は中学まで同級生だった親友が岡山に引っ越したので遊びに行きたいといい、期末テストが悪すぎたので躊躇《ちゅうちょ》していたが、結局富士山を降りたら一人で新幹線で行かせることにした。長女は早朝に高速バスで信州を出るとわれわれと羽田で合流できた。ディズニーランド近辺のホテルをインターネットで四人部屋を予約し、一人はベッドが入らないのでホテルの言う「添い寝」で五人泊まることにした。富士登山バスは新宿から富士吉田五合目登山口まで直通が出ており、やはりインターネットで高速バスのメンバーにされて予約した。インターネットは情報収集と予約には不可欠となり、予約の確認は海外でも折り返し自分のパソコンに入り、問い合わせや変更も簡単に出来ることが分かった。

日課のジョギングは、五kgのリュックを背負い、長めの短パンに、黒のコルセットをシャツの上から巻いて、日よけ帽をループタイで固定し、坂道のコースを三〇～六〇分走るものだった。家に戻ってくると「あーた、また変な格好で歩いていたでしょう！」と妻がニヤニヤし、次女も「超変！」と言うので「格好良く走ってるつもりなのに」と反論したが、妻が次女を迎えに行って車に乗せていると、交差点で次女の陸上のコーチだった先生がランクルに乗っており、その目は先を走る私を不思議そうに見ていたらしい。長い下り坂をショートカットする急坂があり、「私たち、この路は通りません。ハブと不審者」と書かれ、また集落の外れには「夜に怖いもの、ハブに痴漢、深夜徘徊《はいかい》」との標語もあり、ジョギングしてても間違われそうであった。ついでに「暗い闇。踏み出すごとに溺れてく（青少年育成会?）」との標語もあり、この辺には暗黒の底なし沼があるようだ。綱引き競技は「Tag of war」と言うが、まさに一チーム八人で力の限り引き合う格闘技である。私も妻の通うトレーニング・ジムで一度引いてみたが、体がバラバラになりそうだった。近頃、ポッチャリしていた妻の顔が引き締まり、肩や背中の隆起が目立ってきたが、三重県のスポレクに男女混合の沖縄代表として参加し、ムキムキ・マンに「まだスモーキング（喫煙）かね?」と言われ、「相撲（スモー）・キング（王様）？　失礼ね！」

と自覚していた。

家族そろって東京ディズニーランド

次女は二日前に沖縄を発ち、私の母が住む琵琶湖湖畔のマンションに一泊していた。翌日はＪＲの湖西線に乗り、キャンパスを見た後に小松で一泊し、翌日は小松空港を発って羽田でわれわれと合流することになっていた。長女は長野から朝五時三〇分の高速バスに乗り、新宿のバスターミナルで乗り換えると、羽田にはわれわれより一時間前に着くはずだった。那覇を予定通り午前八時に飛び発った妻と長男と私が、一〇時半には羽田空港に着き、三つのリュックがベルトコンベアーに現れるのを待っていると、出口のガラス越しに次女がリュックを担いでやって来るのが見えた。長女も向こうの方からわれわれを見ているようなのでジェスチャーで「もう来てるよ」と合図をした。次女が近寄っていったが人違いで、携帯電話で確認をするとこちらに向かってるとのこと。金髪に、目にはマスカラの宝ジェンヌが手を振って現れたのでよく見ると我が子ではないか。田舎から出てきた者に限って「みてくれ」だけでも都会人に負けまいと無理をするものだが、「信州の田舎では浮いてるはず」と、妻と顔を見合わせた。四月以来、家族五人揃ったわけである。空港のバスターミナルで東京ディズニーランド行きを捜し、一〇分おきに出るバスの乗車券を購入して、一五分ほどの待ち時間で乗り込めた。東京湾を右手に見ながら京葉道路に入り、子供達に「東京と千葉を結ぶから京葉だよ」と教えていると、行ったことのある国際会議場のある幕張メッセが見えて来て、ディズニーランドには四〇分で着いた。入り口には人は疎《まば》らで、しめしめと思っていると、バスはアンバサダーホテルやベイヒルトンで人を降ろしながら最後にわれわれのベイホテル東急に着いた。広いロビーは人と荷物で混み合い、スチュワーデスのような制服の係り員が「チェックインは三時からでございますので荷物をお預かりしてお泊まりになる部屋に入れておきます」と言う。丸っこい銀色のバスが走っており、後ろから見ると「ウルトラマンだ!」と子供達は乗りたがったが、一〇分ごとにホテルから出て、ディズニーランドをグルッと回るモノレールの最寄りの駅を往復するという。早くディズニーに行きたいわれわれは駅まで三分と言われ、足早にモノレールに乗り込んだ。モノレールを時計と反対回りに四駅ほど乗るとディズニーランドだったが、時計回りだと隣の駅じゃないか! パスポート(入場券)はホテルで割り引きで買えると聞いていたが、結局入り口で大人三人、高校生二人のを買った。入るとそこはワールドバザールで、キャラクターグッズを売る店やレストランが両側に立ち並び、高い天井のアーケイドは十字路になっていて郵便局や銀行もあった。午後一時を回っていたので、早速広場に出たところで木陰のテーブルを選んで三〇㎝もあるロング・ホットドッグにかぶりついた。アイスコーンなどの露店を覗きながら左に歩くとアドベンチャーランドの入り口に緑のアーチがあり、カリブの海賊館にはすぐ入れるとのことで一〇年前に学会で後輩と背広姿で入ったのを思い出した。真っ暗い水面を連結されたボートが走り、ジャングルから異様な声が聞こえ、右手を見るとレストランがあり、われわれを肴《さかな》にしているではないか！　海賊が女の子を追っかけ回すエッチな場面もあり、娘達にはどうかと思ったが、女将《かみ》さんに年寄りの海賊が箒《ほうき》で叩かれながら追っかけられるシーンは男女の逆転劇であり、明日は我が身でもあった。海賊船から大砲やマスケット（火縄銃）がこちらに向かって撃たれるクライマックスで長い船旅は終わった。隣はジャングルクルーズで、長男は「カバやワニが河から顔を出してガオーとするのを見たかった」と悦び、水浴びする象の群の中に突入して脅かす船頭のお兄さんは汗だくで声も枯れていた。帰ってきた同じ岩山の二階からウエスタンリバー鉄道に乗り換えると、河原にテントを張るインディアンが家族で煙を上げる薪《たきぎ》を囲んでおり、川を遡《さかのぼ》る蒸気船マークトウェイン号が大勢の客を乗せ、こちらに手を振る人もいた。ホーンティッド・マンション（Haunted mansion）はお化け屋敷のことで、次女は英語だとなんでも知りたがるが、hauntは「幽霊が出ることだけど発音は父さん自信ないな」と言いながら中に入ると骸骨やミイラなどは気味が悪いが怖くはないので「日本の幽霊は恨み・つらみの怨念《おんねん》が怖いんだよ」とラフカディオ・ハーン（和名：小泉八雲）の怪談を教えてやった。翌日のことになるが、中央線の四谷駅を通ったとき妻までが『四谷怪談』と『播州皿屋敷』をごっちゃにしていたが、「お父さんはテレビで時代劇ばかり見てるから詳しいんだよ」と言われた。喉が渇いたので露店で氷水に浸かったペットボトルを買って、回し飲みしながら木陰のベンチに腰を降ろしたが午後三時で、まだ二時間しかたっていなかった。「夜の一〇時までここに居るんだよ」と言うと、長女は「もう駄目」と泣きそうな顔をしてしゃがみ込んだ。運動音痴なのにジェットコースターが好きな長女は、スプラッシュ・マウンテンのカートが悲鳴を上げて滝底に落ちるのを見て乗ろうと言い出し、妻も何気なく乗ってしまった。カートが走り出すなり悲鳴が始まり、最後に真っ逆さまに落下する瞬間、妻の絶叫とともに写真がピカッとたかれていた。めったにない家族五人の写真を出口で買って、少し楽なのをとファンタジーランドのボート・クルーズに乗った。お子さま向けだが世界各地の民俗衣装を着て「世界は～ひとつ、らららんらー」と精一杯歌う人形達を見て、一昔前のわが家の子供達を思い出していた。ビッグサンダー・マウンテンを六時に予約し、少々並んでもと、最大のアトラクションのスペース・マウンテンに挑戦することにした。巨大なドーム状建物の外で並び始めたが、妻は「止めた方がいいかも」と落ち着きがなくなり、「高血圧・心臓病の方、疲労や睡眠不足の方は途中退出口から退出願いま

滝壺に落ちながら絶叫する妻と余裕の次女。

す」と何度もアナウンスされ、「やっぱり止めとく」と一人出て行った。子供達はジャンケンで前列を決めるくらいに気合いが入っていたが、カートが真っ暗な中を走り出すと満天の星空が現れ、強烈な加速でターンと下降を繰り返し、暗闇に目が慣れると別のカートがすぐ側をガーッと通り過ぎていった。終わったかと思うとまたコトコト上り出し、学会の大先生がチビッてしまったのも納得した。隣の「スター・ツアーズ」は椅子に座って画面で宇宙戦争のシミュレーションをするもので、画面両側ではブリキのロボットが愛嬌を振りまいており、戦闘機に乗って敵の人工惑星を攻撃する、スピーディで激突寸前の画面と、椅子がガタガタ揺れるマヤカシに妻は絶叫していた。ビッグサンダー・マウンテンの時間が来たのでランドの反対側まで歩き、丸木仕立ての駅に入ると、伐り出した木材を運ぶトロッコが煙突を突き出した機関車を先頭に、ブレーキでレールが軋む音とともに帰ってきた。「屋久島で見たトロッコみたい！」と乗り込んだが、ガタガタと走り出すと橋ありトンネルあり、絶壁や滝を突き進むトロッコに妻は私の隣で叫んでいたが、急に顎を上げて静かになった。心臓発作かと仰天したが自分もそれどころではなく、駅に到着したところで妻の意識も戻っていた。ふらつく妻を交代で助けながら、夕暮れ迫る中を「とりあえず食事をしよう」と入り口方向に向かった。「カリブの海賊のレストランがいい」とブルーバイユー（青い入り江）に少し待たされて入りテーブルについた。ジャングルの河畔にいると、ときおり「ウオー、ホホホー。キッキッキー」など原住民や動物の声が聞こえ、暗い水面を人が乗ったボートがスーッと流れて行った。シェフお勧めディナーをオーダーすると真鯛のカルパッチョ（西洋風刺身）が出てきて、メインは柔らかい子羊のワイン煮で、ジンジャーエールとパンはおかわりが出来、われわれには十分な量で三〇〇〇円とリーズナブルであったが、長男はそれでも少ないらしくパンが入った籠を二回も貰っていた。外は真っ暗となりパレードは終わろうとしていたが、ディズニーの物語をあしらったギンギラギンにライトアップされた出し物が何台も通り過ぎ、ミッキーマウスや七人の小人などのキャラクターが「世界は一つ」を歌い続けていた。スターライトパスポートという六時入場の割引券があり、かえって夜は人が多く繰り出すようだった。ワールドバザールでショッピングを始めたが、子供や妻までてんでに買い漁り、携帯電話で互いに連絡するとすぐ後ろに居たりした。モノレールの駅に向かったのは九時を過ぎていたが、ベイホテル東急に戻り、すでにわれわれの荷物が運び込まれた三階の部屋に入った。ダブルベッドが二つとシングルが二つあり、家族なら四人の部屋代で六人泊まることができた。ディズニーランドではビールは飲めず（ディズニーシーはビールＯＫ）、大人には物足りなかったのでホテルのパティオに降りて黒ビールを注文したが、なかなかありつけず、少し温かくなったのを飲まされ、あとで気の利くマスターがサービスで冷たいのをもう一杯持ってきてくれた。ラストオーダーだったので部屋に帰って冷蔵庫のビールを二人で空にしてしまったが、われわれが寝つくなり鼾《いびき》の合唱が始まったらしい。

吉田口から八合目へ

七時の朝食に合わせておいた携帯電話のアラームで起こされ、東京ディズニーランドに家族で来ていることを思い出した。ホテルのカーテンを開けると眩しく反射する東京湾がすぐ近くにあった。子供達も起き出したが、昨夜、電気を消して五分もたたないうちに私と妻の鼾が交互に始まったらしい。次女が長男を叱る寝言や誰かの歯軋《はぎし》りも加わって賑やかだったろう。ホテルのパティオはガラス天井の広い空間で、ヨーロッパ風赤瓦のレストランが三軒ほどあり、木々の中に野外テーブルが置かれ、家族連れやカップルがバイキングを楽しんでいた。「夏の富士は暑いし、水にも金を取られる」との思いこみからテルモス（魔法瓶）にホテルの氷と水を詰めたが、山では熱いココアかポタージュにしておくべきだった。登山バスは新宿一〇時五五分発なので、ディズニーランドのお土産もリュックに積み込んで九時前にホテルのチェックアウトを済ませた。登山の四人はリュックを背負い、長女は化粧品の沢山入った手提げバッグを重そうに持って歩くので、私がそれも持ってやり、ディズニーランドを巡回するモノレールの駅まで一汗かいた。左回りだけのモノレールでディズニー・シーの尖った人工の岩山を見ながら次の駅で降りると、JR京葉線舞浜の駅前だった。ラッシュアワーは過ぎていたので東京駅までは楽々だったが、中央線まで延々と地下道や階段を歩かされ、妻に「きっと間違っているはず」と言われながら登山のウオーミング・アップをさせられた。新宿の中央高速バスターミナルは長女がよく利用しているので後ろをぞろぞろついて行くと、西口のビルの裏にあり、遠距離バスが数台停まり、ほとんど一〇分毎に次々に発着していた。ターミナルの改札口でインターネットで予約したコピーを見せると、席が指定されたバス券を四人分くれ、二時間半の乗車で午後一時半に登山口に到着とのことだった。妻は狭い階段を降りて待合室の売店から行動中（登山）のペットボトル一〇本とビールを三本買ってきて子供にもペットボトルを三本づつ持たせていた。私も「バスの中で昼にしよう」と弁当を買いに行ったが一人がやっと入れる売店に二人の店員がいるのに驚いた。長女は一人で長野に帰るので小遣いをやると、自分でチケットを買っていたが、先に出るバスだった。「体に気をつけてしっかり勉強するんだよ」とありきたりなことしか言えず、乗り込んだ後も窓から見送るわれわれに、ブリッコの仕草で金髪を掻き上げながら手を振っていた。中央高速道は夏休みとあってか渋滞し、直通バスなのになぜかバス停の引き込み線に入って追い越し、大月インターを出るまでに二時間かかった。富士スバルラインに入ると緑の樹海の中を飛ばし、登り坂になって冠雪のない富士山が迫る頃、今まで無口のガイド嬢が「富士登山をなさる皆様にぜひ見て頂きたいビデオがありますので前方の

夏富士も長閑《のどか》でいい！

画面でお願いします」と言うと「ご覧下さい」も言えないのかねと妻がこぼしていた。富士山はピテカントロプスが居た頃の一〇〇万年前に東の足柄山と西の愛宕山との噴火により産声をあげ、一〇万年前に古富士が両山の間に噴火して大量の溶岩で富士山の原型（約三〇〇〇ｍ）ができたという。さらに一万年前の縄文時代に今の火口から溶岩が流れ出て小富士を覆い隠し、広大な裾《すそ》を持つ緩円錐型の富士山になり、江戸宝永年間（一七〇七年）には山腹から噴火して現在の優美な形になったとのこと。山麓には表面の溶岩が早く固まり、中の溶岩が流れ出た溶岩洞窟が無数にあり、地下水が流れ込んで四方に水脈を造り、あるいは富士五湖となり、広大な裾野の樹林帯を潤しているとのこと。世界遺産の登録がかなわなかった理由の一つは、ひと夏一五万人と言われる登山客のもたらすゴミと屎尿処理が十分ではないことで「自分のごみは自分で持ち帰る」「屎尿処理代に一回一〇〇円程度支払う」などを約束させられた。赤茶けた地肌を見せる逆さ扇《おうぎ》の巨大な山が雲に遮られることなく目の前にのしかかってきた。坂の勾配とともにエンジン音が大きくなり、下には右手に山中湖、左手に河口湖が樹海の中に見えてきた。しばらくすると駐車を待つ自家用車の列を越して旅館や土産物店が建ち並ぶ広場の五合目に着いた。二時間半のバスは渋滞のために遅れ、プロトレック（標高や方位が分かる時計）を見るとすでに二時を回っており、高度はおよそ二三〇〇mを表示していた。ここは江戸時代から富士登山で栄えた北からのルートで、浅間神社本宮の鳥居もあった。店の少し臭いトイレを借りて募金箱に一〇〇円入れ、指で動脈血酸素飽和度を計ると、私が九一％で一番悪かったが、私のリュックはビールも含めると雨具やヘッドライト、魔法瓶などの共同装備で一五kg以上担ぐことになった。妻のリュックは茶系でずんぐりし、タオルを頸に巻いて昔の買い出し風であったが、自分の衣類だけの軽量にしてやった。通常、富士登山は軽装で登山口の五合目や中腹の七、八合目に泊まり、荷物を置いて頂上を往復するが、われわれは荷物を持ったまま頂上を目指し、火口縁を廻って反対側に下山する縦走登山であり、装備も多く、子供達のリュックもディズニーのお土産も入れて一〇kg以上になっていた。

登山口の脇には馬と馬子が居て客引きをしており、七合目まで人を乗せて行けるそうであったが馬糞が砂埃に混じり合っていた。六合目までは林の中のなだらかな道で、自家用車でやって来た人達も登山者に混じって歩いていたが、次第に瓦礫となり、後ろの大きなタイヤに石をかました無人のランクルがこれ以上登れないと嘆いていた。七合目まで馬子に引かれた馬や騎乗した人とすれ違い、赤い瓦礫の坂は五〇mくらいで折り返し、細かい砂利と軽石なので足元がめり込んだ。ゆっくり歩けば息が切れない程度のスロープ（坂）

であったが、追い越しては一〇〇ｍごとにハーハーと休むポロシャツとジーパン姿の者もいた。若い外人が話しかけているが相手はよく理解できないようなので振り向くと外人同志で、息が上がっているだけで、どうして私が重そうなリュックを背負っているのか不思議そうであった。地滑りと落石防止に赤茶色のブロック壁が要塞のように何列も並び、その間をぬうようにジグザグはつづいていた。溶岩が固まったままの岩盤地帯も現れ、一歩一歩登るようになると七合目小屋の旗がなびくのが見えた。缶入りドリンクが三五〇円で売られており、高度を稼ぐほど値打ちが出るので重いのを背負っている甲斐があった。実は低酸素トレーニングの被験者になってくれた学生さんが夏休みに富士山でバイトをしたことがあり、住み込みで週二、三回のボッカ（生活物資の運搬）を八合目小屋まで三〇〜五〇kg担いで上がったとのことで、われわれの富士登山の動機にもなっていた。次女と長男は大股で私と妻の先をどんどん登って行き、ここらで休もうかと思うと岩陰や小屋のベンチで腰を下ろして待っていた。露岩と瓦礫の登山道は次第に急峻となってロープが張られ、小屋が近づくと石段となり、頂上方向に顎を反らして見上げると、石積みの上に建てられた小屋が五、六軒、旗をたなびかせ、遥か上方に頂上の鳥居が小さく見えた。半被《はっぴ》を着た男性二人が岩にもたれて休んでおり、われわれもリュックを置いてペットボトルを回し飲みし始めると、八合目小屋の一つに住み込んでいる学生さんらしく「是非、うちの館《やど》に泊まって下さい」と勧められた。夕日が富士の陰を山中湖右手の樹海に映し、「影富士だ！」と誰かが叫んでいた。下から上がってきた男性は「七時半までライトなしで歩けるよ」と話していたが、高所からは地平線も遠いので、その分、日の入りも遅かった。リュックを二つも背負っている男性がいて、その後から空身で遅れがちでついてくる女性もおり、ところどころに行き倒れのように蹲《うずくま》って肩で息をしてる人もいた。「福井の皆さん」と言われる団体は「立ち止まらないで下さい」とガイドに何度もハッパをかけられ、小屋の前のベンチで休んでいる間にわれわれはさっさと追い越した。もうすぐ白雲荘で、上方に本八合目の看板が見えてきた。七時過ぎには着けそうであったが、坂道の角で次女が座り込み、コンタクトに痛みがあるというのでテルモスの冷たい水をコップに注いでやった。白雲荘の女性店員に「四人、夕食つきで泊まれるかな」と聞くと「勿論ですよ！」と大きな声で土間の玄関に招き入れられた。半被《はっぴ》のお兄さんが狭くて暗い廊下を先導し、二段ベッドの蛸《たこ》部屋には布団がびっしり敷かれていたが、奥から四つがわれわれにあてがわれた。ヘッドライトを点け、夜は冷え込むのでリュックからセーターを取り出していると長男が「下着が汗で濡れてるんだけど換えた方がいい？」と聞く。「山では汗でシャツが濡れても体温で乾かして、雨でビショビショになったらその時に換えるんだ」と教えてやった。板間に長い食台が置かれていたが、外人の若い娘《こ》が板壁にもたれてノートをとっていた。われわれが座ると同時に発泡スチロールの食器に盛られた温かいライスカレーと紙コップに入ったお茶が出てきたが、子供達には少なく、ライスやお茶のおかわりもなかった。「お茶を下さい」と台所まで水筒を持って来た人には「温めた缶の生茶を買って下さい」と言われていたが一缶五〇〇円だった。テルモスには氷水を詰めてきたがペットボトルはたくさん残っており、熱いポタージュにしたら腹の足しになったのにと後悔した。部屋に戻ると他にも客がおり、一人は顔色も悪く苦しそうで、仲間から「大丈夫か」「明日は下に降りろ」と言われていた。気圧が低いので持って来た缶ビールを開けるごとにシュワーと泡が噴出し、ここでは貴重品なので周りの注目を引いた。妻のリュックからペットボトルが三本も出てきて重かっただろうと驚いたが、布団の上で急に「足がつった！」と呻《うめ》き、触らせもしないのでインテバン軟こうを擦り込ませ、ロキソニン（鎮痛剤）を内服させた。三〇〇〇ｍの高所であったが、四人とも、頭痛や吐き気はなく、動脈血酸素飽和度は海抜〇《ゼロ》ｍでは九六％以上であるが、私が七七％、妻八二％、次女八七％、長男八七％と歳には勝てなかった。

風雨の山頂

明日は二時間もあれば頂上に登れるので午前三時起きとし、寒がりの次女は私のセーターも着て布団に潜り込んだ。私はいつものように靴下を脱いで寝たが、いつものように寝つきが悪く、リーゼ（軽い安定剤）を飲むと隣のグループがガサガサと出かける音に起こされた。ヘッドライトを点けて何も口にせず出発の準備をし、朝食は頂上ですることにしたが、熱いポタージュを飲んで出たかった。午前三時半だったが、外気は一〇度以下で、それぞれのウインドブレーカーを着け、足場が悪い瓦礫を踏みしめて登り始めた。少し明るくなったがガス（山霧）で視界は悪く、雲海で麓は見えなかったが、一時間足らずでヘッドライトは不要となった。御来光は拝めないと思ったが、左手の雲が橙色に明るくなり、放射状の光線が眩しく、「勉強ができますようにとお祈りするんだよ」と手を合わせる間もなく真っ赤な太陽が昇って来た。九合目小屋を過ぎると、手すりのある岩場を軍手でつかんで体重を押し上げたが、霧雨で衣類は濡れてわれわれの体温を奪い始め、食事

雲上の御来光。下に河口湖が見える！

頂上の鳥居の下で冷雨に震える家族。

もとっておらず、高度計もまだ三六〇〇mなのでヤバイかなと不安になりかけたとき、ガスの向こうに頂上（本当は火口縁）の鳥居が見えてきた。最後の階段を上がった途端、雨混じりの突風に煽《あお》られ、顔に礫《つぶて》がビシビシ当たるので霰《あられ》かと思ったが軽石の砂塵だった。すぐ手で押さえていた眼鏡を外したが後でみると妻のも磨《す》りガラス状態だった。次女は先に着いているはずなので小屋の戸を開けると人がビッシリ入っており、食事をしている人もいたが多くは座って寒さからか体を丸くして黙り込んでいた。「剣ヶ峰（最高所）は無理かな？」と聞かれるごとに、番台にいる従業員は「この天気じゃこれ以上は絶対無理です！」と警告していた。他の小屋を調べても次女はおらず、長男が「後ろにいたかもしれない」と言い出した。妻は空いていた席を見つけて座り込み、青くなって小刻みに震えていた。この辺に居るはずと長男に捜しにやり、「とにかく腹を満たして落ち着かせないと」と牛丼を頼み、嫌がる妻に食べさせようとしていると「寒くて堪《たま》らないので近くの小屋で待っていた」と次女が現れ、やっと家族揃って熱い味噌汁つきの牛丼を一粒残さず腹に納めることができた。一人前一〇〇〇円だったがこんなに安くて有り難い食べ物が富士山の頂上にあるとは思っていなかった。小屋で一息ついた登山者は一人二人と残念そうに上ってきた同じ道を降りていったが、誰一人として剣ヶ峰を目指す者はおらず、われわれのように火口縁を廻って表山道から反対側に降りようとする者もいなかった。小屋の男性に聞くと「止めた方がいいですよ」と言われたが、別の男性は「風雨が非常に強いので滑落しないよう十分気をつけて下さい」と言ってくれた。「冬山じゃないので岩にしがみついて行けるはず」とどうして良いか分からなくなってる妻に「山の向こう側に降りないと今日中に帰れないから」と家族を外へ出した。当初、火口縁を反時計回りに縦走し、最高所の剣ヶ峰を制して、銀明水に至る一時間の行程を考えていたが、時計回りに行くと一五分の行程で銀明水に至り、そこから表山道で富士宮に降りられるはずだった。小屋を後にすると風除《かぜよ》けがなくなり、台風並みの風雨が火口側から吹き上げ、眼鏡を外しているが砂粒が当たり、まともに目も開けていられず視界は一〇mもなかった。私が先頭で腰を屈めて風に顔を背《そむ》けながらルートを探り、次女と長男が妻の前と後ろから支えつつ私を風除けにしてつづき、一歩一歩、しかも離れないよう歩き始めた。暫くすると向こうから腰を屈めた登山者が一人、風雨の中から現れ、「この先は風をしのぐ岩がない所があるので気をつけて下さい」と言ってくれたが、風速三〇mからの砂塵を伴った風雨にどう気をつけるか難しかった。そこは横殴りの雨が右から左にカーテンを引いているようであったが、幸い斜面は急峻ではないようだった。風の息が少し治まるのを待って「さっ、行こ！」と四人が一列で互いの手や裾を掴《つか》み、腰を屈めるだけ屈ませ、つまずいたり吹き倒されたりしないよう魔物から逃げるように危険地帯を渡り切った。まだ風雨で視界が悪かったが丘に石碑が二つ立っていて、ここが銀明水かと碑文を読んだが意味不明だった。施錠された無人小屋があり、周囲を回ったがどこも絶壁で、登山道はなくなっていた。碑文から手がかりを掴もうと読み直したが空気が希薄なせいか頭も機能せず、このまま引き返すのも追い風を受けてさらに危険であり、焦りを感じ出した。妻も「路に迷ったんでしょ」と避難小屋の庇《ひさし》に長男と座り込んだ。その時、私とルートを探していた次女が「お父さん！ あそこじゃない？」と下の方を指さし、少し行ってみると確かに人が歩いた跡があった。少し歩くと宝永山を経由して、富士宮に下る路が分かれていたが、まだ風雨は強く人気もなかった。その先に銀明水の小屋があり、外にも人が居て風雨もかなり治まっていた。とにかく寒さと疲労から小屋で休む必要があり、中で子供達はホットぜんざいを、私たちはホットコーヒーで一息入れたが、妻は「もう絶対山なんか登らない」と寒さと怒りで体を震わせていた。下りの三〇分で風雨は止み、雲の切れ目も出て、下界の樹林帯や湖が霞んで見え隠れし、左手に宝永山の巨大な火口縁が見えてきた。瓦礫の路は足をとられやすく、膝を痛めているので何回も尻餅をつき、後ろから妻に笑われながら午前一一時半には富士宮口五合目に全員無事下山した。

おすすめ新横浜ラーメン館

　正午きっかり発のバスに濡れたリュックを抱えて乗り込み、急いで売店で買ったおにぎりとゆで卵を食べながら富士という地酒を妻とちびちびやっていると、ＪＲ新富士駅に二時間で着いた。長男は岡山に引っ越した中学時代のバスケの友達を訪ねるため新幹線で下り、われわれは三人となったが上りで新横浜に出た。次女がテレビや雑誌で知った新横浜ラーメン館に寄りたいと言い出し、羽田発二〇時の便には時間もあるので、駅のロッカーにまだ湿ったリュックを押し込め、空港バスの時間を確かめてから、駅でもらった案内図を見ながら歩くと、五分くらいでやや目立たない入り口に『ラーメン博物館』と書かれてあった。博物館とは化石やミイラを見せる所のイメージだったが、三〇〇円の入場料を取られて中に入ると、ラーメンにまつわる資料や展示物があった。ラーメンの定義は小麦しか育たない黄河流域の高地で「梘水《かんすい》」と呼ばれる炭酸ソーダを含んだ鉱水を小麦粉に混ぜることにより、消化が良くて腰があり、美味い麺を作ったのが始まりだという。現在では炭酸ソーダが入った麺をラーメンと言うらしく、沖縄でも灰のあくを麺に入れることもある。テレビのラーメン道で見た濃い眉の人が次女を睨みながら手打ちラーメンの実演をしていた。これだけかと思ったが、地階に行く古い階段があり、大菩薩峠の映画のグラビアなどが貼られ、そこは体育館ほどのドームになっており、全国有数のラーメン店が取り巻き、見上げると夕焼け空が天井に描かれ、店は全て昭和

佐野、会心の。
「食材の鬼」といわれる
支那そばや佐野実が、
勝負に出た。
支那そばや
餃子は皮。
見た目はわるいが、
パリパリ、
もちもち、
香ばしい。
もちろん日本初。
新横浜ラーメン博物館

三〇年代のレトロで「古き良きラーメン時代」が演出されていた。横浜が発祥という六角ラーメンに入ったが、太麺で硬く、豚の角煮が載り、海苔が何枚も添えてあった。麺は硬すぎるとすぐ腹にくるので、まろやかなスープと具を先に賞味し、麺が柔らかくなったところで料理の鉄人をまねて「おいしゅうございます」。若いのが入って来て「硬い麺のをくれ」と言うのでつい横顔を見てしまった。

空港バスは少し遅れたが横浜ベイブリッジを越えると四〇分で羽田に着き、「新幹線に乗ったら新横浜で降りてラーメン館で一杯」のコースは癖《くせ》になりそうだった。次女は片道の格安航空券なので団体のコーナーでチケットを貰ったが、われわれと連続の席にしてくれた。朝の三時から起きて山登りで難儀し、横浜でも道草していたわけだが、疲れていても機内では眠れず、早く那覇に着かないかといらいらしていた。次女と妻はラーメン館でお土産が買えたと大喜びだったが、那覇空港では子供のＰＴＡが偶然来ていて、大きなリュックを背負って両手に大きな土産袋を持つわれわれを見て呆れたそうである。

6章　残雪の富士へ再チャレンジ

積雪期は装備がいるのだ！

五月の連休は厳しかった冬山がやっと春の息吹を感じる季節であり、麓は新緑の匂いに満ち、遠くで底雪崩《そこなだれ》の轟音が聞かれる。コバルトブルーの空を仰ぎ、長袖をかき上げながら頸から滴る汗を拭い、柔らかくなった残雪を踏み締める「ギュ」という心地よい音がよみがえってきた。子供達は五月の連休は新学期が始まったばかりなので、ピザの宅配でもとらせて留守番させ、妻には「将来、ヨーロッパアルプスに行くんだったら雪のある富士山くらい登っておかないと」ともちかけ、二人で残雪期の富士山に挑戦することにした。富士山の遭難はもっぱら滑落事故で、ピッケルで制動するか、バディに結んだザイルで確保してもらうかしかない。新しくできたアウトドア専門店「ネオス」にピッケルを買いに行ったが、ヒマラヤに登ったと言わなければただのお兄さんの店長が、「長すぎると登るとき使いづらいし、短いと降りるとき杖にならない」と、カタログを見せながら私には七〇㎝のを、妻には六〇㎝のを選んでくれた。カタビラ（体を確保するザイルを結ぶ金輪）と赤いザイルを選んでいると店長が「アンザイレン（ザイルで結びあった状態）で三人繋がったまま一〇〇〇mも落ちた話もあってですね、ピッケルでしっかり止められることの方が大事ですよ」とアドバイスされた。「赤い運命の糸」も運命共同体であった。救急の当直明けで早引きし、妻とピッケルを取りに行くと店長が二階のカヌー・コーナーから降りてきて、包装を丁寧に剥がして二本のピッケルをガラス棚の上に取り出した。ピックとフックはステンレスでシャフトは強化プラスチックからなり、日本刀を扱うように引き締まる思いで手に取るとほとんど重さを感じないではないか！　学生時代にバイトをしてやっと質屋で買ったピッケルは、初めての雪渓でリュックごとクレバスに落としてしまったが、ツルハシのように重くシャフトも栗の木だった。リュックもキスリングといって横に長く、背負っていると手がしびれてくるダサイ黄色の厚地で、防水も悪かったが、今回のわれわれのアタックザックは背中のカーブをアルミでフィットさせたり大小のベルトで体に密着させるなどハイテク化が進んでいた。五月の山は冷雨にたたかれたりするので防水対策は侮《あなど》れず、「オニヤンマ」というアウトドア店では、その名の由来と思われるマスターが妻に勧めてくれたのは、上下フードつきゴアテックスだった。頭からバケツの水をぶっかけられても濡《ぬ》れない超通気性の「うん万円」だったが、「どうせドレスは似合わないから」と少し早いが銀婚式のプレゼントにした。アイゼンを登山靴に合わせていると、妻の靴は底がゴムで柔らかく防水性にも不安があったので、底の固い牛革張りの登山靴もプレゼントに加えた。紫外線が最も強くなる五月の雪山でサングラスなしでは、角膜炎を起こし、堪え難い眼痛と流涙に視力を奪われて山では致命的になる。新都心のスポーツショップに行くと、スキーシーズンはとっくに終わっていてゴーグルはなかったが、ジョギング用のサングラスで眼鏡の上からかけられるものを見つけた。羊毛のばば（じじ?）シャツと股引《ももひき》を妻の分まで出してきて「きれいそうだけど」と言うと「着ると痒くなるから」と洗濯してくれた。靴下も綿だと水分を含んで足の裏の皮膚がやられるので、登山用の厚手で緻密な羊毛のを揃えた。私の二階の部屋の窓際に青と赤のリュックを立てかけ、ダウンのシュラフなどを出したり入れたりし、寝る前には登山マップを広げてグラスのビールをちびちびやりながら登山のシミュレーションをしていた。夏富士は吉田口の五合目まで新宿から高速バスで登ったが、五月の連休も渋滞することからJRの中央本線で大月まで一時間あまり、富士急行で富士吉田までは三〇分で着くことが分かった。タクシーで馬返しまで行くと、江戸時代からの登山道を一合目（一四五〇ｍ）から登ることになり、樹林帯の中を残雪が靴に入らないようスパッツをつけて二時間あまり汗を流せば、五合目の佐藤小屋（二二五〇ｍ）に夕暮れまでに着けるはずであった。積雪期の富士山は佐藤小屋だけが開いており、電話で予約すると愛想のよい声が「沖縄からですか」と驚きながら携帯電話まで教えてくれた。小屋からはアイゼンをつけて頂上を往復するが、一〇時間で小屋に帰って来られれば「ガッツポーズ」と考えていた。日が長くなって帰宅すると妻が「健康センターでピラニー山脈（ハードな自転車漕ぎ）をやって来た」と言ってシャワーを浴びていた。「あと一週間で山だからピッケル・ワークをやっておこう！」とバブルが弾けて無人となったシェラートン・ホテルの丘に車で向かった。宜野湾《ぎのわん》をオレンジ色に照らす夕日に慶良間《けらま》諸島が望める高台で、ホテル際が芝生で五〇度くらいのスロープになっており、「こーかな?」とピッケルを抱えて尻セード（グリセードは雪の斜面をピッケルを支点に滑り降りるテクニックだが尻滑りをもじった山用語）で滑り、加速がついたところで体を斜面に向けながらピックを差し込んだが、跳ねた芝と土が口に入ってきた。下のアスファルトに車を停めてこちらを見ているカップルもいたが、二〇回ほど登っては滑降する内に妻も要領が掴め、妻の短めのピッケルも体より少し後ろに差し込んで急坂を真っすぐ下れるようになった。

馬返しから佐藤小屋へ

四月二九日を「昭和の日」にし、五月四日を「みどりの日」にする法案が検討されても、二〇〇三年のゴールデン・ウイークは、イラク戦争の勃発や致死性肺炎サーズ（SARS）を恐れて海外へ行く人は激減し、飛び石連休なので国内旅行も短期型になり、デフレに拍車をかけていたが、われわれは憲法記念日と子供の日を挟んだ三連休だけでもと、日本経済に貢献することになった。大学受験の次女と高二の長男を家に残して行くのは忍びなく、妻には小遣いを渡してあるからと言われたが、スーパーでタコライスなどの冷凍食品やカップヌードル、グァバジュースなどを買ってきて冷蔵庫を一杯にし、沖縄の久米島で済ませた新婚旅行以来になるが二人だけで出かけることになった。夜遅くまで洗濯をしていた妻を朝六時に起こし、パックされた二つのリュックを玄関まで運んだ。昨日のグラタンとコーヒーで朝食を済ませると、まだ寝入っている子供達に「行ってくるからしっかり勉強しておくんだよ」と部屋の外から声をかけ、玄関を施錠して車に乗り込んだ。キャンプ・フォスターと普天間基地の間を下って西海岸のリーフに寄せる白波を見ながら、車がまばらな休日の国道五八号線を南下し、昔はなかった牧港《まきみなと》と天久《あめく》の陸橋を越えると八月から開業のモノレールの高架線が旭日橋で合流した。車は空港に向かっているのにモノレールは空港から遠ざかって行く錯覚に陥りながら、新空港の少し安い野外駐車場でエンジンを切った。ちなみに空港の駐車場が一日二〇〇〇円もするので近くに私設駐車場が林立し、一日一〇〇〇円でシャトル・サービスもしてくれるので妻が使っていたが、空港に出張から帰って来て直ぐ愛車に乗れるのは古女房が迎えに来てくれているような愛着があった。

ＪＡＬのチェックイン・カウンターでリュックを肩から下ろそうとしていると、二〇年も前に腿の腫瘍で手術した青年が現れ、結婚式に夫婦で呼ばれた事もあったが「すごい装備で何処に行くんですか」と赤いリュックとピッケルを担いだ妻を見ながら驚いていた。八時四〇分に離陸したが通路側の席だったので富士山は眺めることが出来ず、「マジ腹立つ」と妻が言っている間に羽田に到着した。なかなか現れない青と赤のリュックにベルトコンベアーの前でじりじりしたが、エスカレーターで地中深くまで下り、京浜急行に飛び乗った。山手線では「ココが忠犬ハチ公の渋谷で、原宿族って知ってる？　千駄ヶ谷まで新宿高校からよく走ってきたよ」などと妻に「四〇年前の江戸っ子」を自慢しながら、新宿に一二時二〇分に着いた。中央線特急のプラットフォームの番号を探しながら地下の構内を人混みを掻き分けて走り、係員が特急券を机に広げているのを見つけ、一二時三〇分発の「かいじ2号」の自由席をゲット。「腹が空いては戦《いくさ》は出来ぬ」と三分で発車だったがプラットフォームを走り、売れ残った「鯖鯵《さばあじ》寿司弁当」二つを抱えて閉まりかけたドアから飛び乗ろうとすると、血相を変えた妻が列車から飛び降りようとしていた。席に落ち着き、弁当を開くと鯖寿司は良かったが鯵《あじ》は少し生臭く、妻も食べないので「もったいない」と胃に詰め込んだ。窓から流れる新興住宅や空き地を見ながら腹を癒していると、ウエスト・ポーチから携帯の受信音が列車の音に混じって聞こえてきた。信州のカー・ディーラーからで、長女が交通事故に遭ったらしい。この店は「半額で新車が乗れる」と宣伝しているが、コンパクトカーを買わされた店長曰く「娘さんが当てられて車は大破しましたが、エアーバッグが膨らんだので胸を圧迫されただけのようです」とのこと。「電車の中でマナーが悪い」と妻に叱られたが娘は泣きながら「済みません！　渋滞でゆっくり走っていたのに横からどんっときて風船が二つ膨らんだの。彼の犬を助手席に乗せてたので」とのこと。本当に犬だったのかなと思ったが「山を下りたら母さんにそちらに行ってもらうから」と伝え、無事な声を聞いて一安心。JR大月駅で列車を降りると「富士急行には一旦外に出てから乗車下さい」とアナウンスされ、外に出て木造の改札口に行くと、同じ列車で来た人達がJRからそのまま来ているではないか！　駅員が「特急だと河口湖に三〇分早く着きます」と三〇〇〇円の特急券を買わせながら乗客を通していた。やって来た列車は見せかけの特急で、一方は尖った運転車両だが単線を折り返すときはただの電車で、県道を走る車にも追い越されていた。沿線には田植えの準備に田を掘り起こしているトラクターや、畦道の枝豆などを見ていると富士吉田駅に一四時三〇分に到着した。駅前に一台だけ停まっていたタクシーのトランクにリュックを押し込んで「馬返しまで行ってもらうけどコンビニに寄ってくれませんか」とセブン・イレブンで五〇〇ccのペットボトル六本とビール三缶を手早く買い込んだ。真っすぐな道の両側には松並木がすでに日陰を作っていたが、江戸時代からの富士登山信仰の面影があった。大石茶屋趾から先は土の林道となり、車でも上り切れないくらいになるころに馬返しの草地に一五時に着いた。タクシーの運転手に「帰りは二日後になるが迎えにきてもらうかも」と会社の名刺をもらい、リュックを背負って歩き出そうとすると、ランクルで来た男性がウインドウを降ろしながら「そんな装備でないと登れないんですか」とわれわれのピッケルや頭の高さまであるロングサックを見て声をかけてきた。「頂上まで行くなら冬山装備が必要です」と答えながら鈴ヶ原神社の境内を歩き出すと、天照大神を祭った御室があり、登山の安全を二人で祈願した。すぐ一合目の標識があり、林道ほどの幅のあるなだらかな整備された道は次第に細く急峻になる。道にはところどころ丸太で四角く区切った中に玄武岩がぶち込まれていたが、恐らく積雪が登山道を壊すのを防ぐものであろう。体は汗ばんできたが外気はひんやりし、時折ピッケルを持った人やスティックを突いて下りてくる人と挨拶を交わした。新茶のペットボトルで一息つきながら左手首のプロトレックを見ると、高度一〇〇mを二〇分で登っており、地図を広げると五合目の佐藤小屋は標高二二五〇mで、馬返しから八〇〇mの高度差を二時間半で行けそうだった。林道を横切った辺りから白飯にゴマを振ったような残雪が現れ、旧五合目小屋跡が雪で押し潰されていた。柔らかい雪にズボッと足を取られながら半時間登ると、スバルラインの舗装道路に出て、発電機のバタバタ音が近くに聞こえ、夕暮れ迫る木造の佐藤小屋に着いた。ガラス戸を引くと大きな湯釜を囲んで登山客がおり、色白で脱サラ風の人が実は主人で「沖縄からのＩさんですか」と待っていてくれた。雪と泥を落として靴を棚に置き、赤いチャンチャンコを着た主人と思った人は実は居候と自称し、われわれを二階の小部屋に案内して低い天井の蛍光灯を点けてくれた。部屋を二人で使えたが布団は冷たく共用でもあり、高級ダウン（水鳥の胸毛）のシュラフを持って来たのは正解で、夜も寒さを感じなかった。日が暮れないうちにとビデオとカメラを持って外に出ると、富士山が頂上まで夕日に照り出され、東京タワーを真下から見上げるような重圧感があった。期待していた積雪は大沢や屏風尾根には残っていたが、夏道がある吉田口尾根は岩盤が露出していた。八合目小屋がマッチの先ほどに見え、その上方には火口縁の外壁が黒々と夕日に映えていた。赤いチャンチャンコを着た男性は府警を定年になり奥さんとともに佐藤小屋を手伝っているとのこと。頂上直下からの急峻な雪渓を指さし「三〇年も前になるかな、あれが三浦雄一郎さんがパラシュートを背負って直滑降した大沢流れですよ」と教えてくれたが、そこは仲間が滑落し、あたら若い命を落とした所でもあった。ビデオを回し始めるとすぐ充電不足のサインが出て「キナバル山（ボルネオ）で調子悪かったから新しい電池を買うと言ってたじゃないか！」と言ったが後の祭りで、カメラもパノラマにするのを忘れ、いつものような写真となった。六時一五分には夕食となり、二つの板間に長テーブルが置かれ、私と同じ団塊の世代が囲

吉田口6合目付近から砂防堤と遥かな頂上を望む。

残雪の北アルプス（右）から南アルプス（左）までの大パノラマ。

んでいた。各自の皿にはキュウリと蛸の酢の物や鳥の唐揚げが盛られ、自家製という味噌汁は湯気を立てていた。御飯は空気が薄いためアルファー米のようだったが、焼酎や馬刺の差し入れがわれわれにまで回され、互いに富士山に執着した仲間のようであった。佐藤小屋の若主人は「今年は四月に入ると急に雪がなくなって、この時分はここからアイゼンを履いて出ることもあるんですけどね」とわれわれを慰めてくれた。目が厳しい男性は「アイゼン無しで頂上まで行けるけど無いと帰りは厳しいだろうね。今日は伊豆七島まで見えたよ」と、この連休に三回登ったという。「登りにこの時期どのくらいかかりますか」とたずねると「行き五時間、剣ヶ峰までだと六時間、下りが三時間だね」と妻の方を訝《いぶか》しそうに見ながら答えてくれた。私は持参したビール缶を開け、妻はタバコを旨そうに吹かしていたが、他の人達は山小屋のビール缶や地酒を飲みながら山の話は尽きないようだった。「お先しましょうね！」とつい沖縄風に挨拶して部屋に戻った。妻は「もう寝るの？」と言って寝袋に入ったが、そのまま朝まで眠りこけていた。私は黒ビール缶を飲みながら明日の装備の仕訳けをしてから寝袋に入ったが頭が冴えてきたのでレンドルミン（軽い眠剤）を飲んだ。外のガサガサする音に起こされると朝の五時だった。

いよいよ剣ヶ峰へ

登りは暑いとのことで長袖のキルティングと羊毛のズボンを穿き、妻はゴアテックスの上下を着こみ、アタックザックの底にアイゼンを入れた。私のにはクッキーや羊羹などの行動食とペットボトル四本と、熱湯を入れてもらったテルモスを詰めた。ピッケルも持って二階から降りると、朝食代わりに作ってくれた海苔のおにぎりがテーブルに置いてあり、熱い御茶で食べ始めると「温かいうどんもどうぞ」と若い従業員に勧められたので、一人分のおにぎりはリュックに詰め込んで出発した。山の朝六時は明るく、今日中に登頂してそのまま下界に下りる人には、OLだったかのような小屋の奥さんが「早く出ないと遅いですよ」と急かしていたが、われわれは日が暮れるまでに帰ってくれば良かった。樹林帯の山道は残雪が多く、踏み跡をたどると八角堂があり、今日の登山の安全を祈願した。樹林帯を抜けて一汗かく頃にコンクリート造りの避難小屋に着き、上を眺めると要塞のような赤黒い壁に護られながら瓦礫の尾根道が規則正しくジグザグに上っており、その彼方には七合目、八合目の小屋が幾つも連なっていた。昨年の夏には家族四人がこの同じ砂塵が舞う瓦礫の傾斜道を大勢の登山客とともに汗して登ったが、五月《さつき》の空はあくまで青く涼しく、のしかかってくるような頂上付近まで遠望でき、一〇時間も寝た妻は快調だった。スバルラインの五合目から来たらしい四人の男の子らがハイペースで追い越していったが、三〇分も経たない内に全員が息を荒げて道ばたに座り込んでおり、ズック姿でピッケルも持っておらずここまでが限界のようだった。六合目小屋では木のベンチに座りながら「ポカリがいい」と言う妻に、「塩分が無い御茶から飲んだ方がいい」とザックからペットボトルを取り出した。スキーを背負った一団が登ってきたので「こんちは」と一人一人に声をかけながら先に行ってもらった。登山道は狭くやや急峻となり、瓦礫から岩盤が露出して、ところどころに残雪があったが足跡に合わせて登れば滑ることはなかった。七合目の赤い鳥居を下から見上げると目立ち、雪に足を取られないようその下をくぐると鳥居荘だった。スノーボードを背負ったグループが休んでいたが、われわれが来るとベンチを開けて出発し始めた。十字架のように二つ背負ってる屈強そうな若者が彼女を従えていたが、追いついたときには彼女が彼氏のリュックも背負っていた。小屋からは尾根を登る夏道の左に雪渓があり、傾斜も四〇度くらいで、アイゼンなしで足跡をトレースして登っている連中もいて、われわれもピッケルを雪に刺しながら登り始めた。雪渓は途切れて夏道に戻り、三〇〇〇mの標識を越える頃には三時間を経過していたが、ベンチに座りながら私は栗入りの羊羹を頬張り、妻はチョコバーをかじりながら右手の吉田大沢の大雪渓をよく見ると、スキーのシュプールが描かれ、数人のグループが急峻な斜面をピッケルを振るって直登していた。七合五勺の小屋からアイゼンをつけて大沢に向かう本格派を後《しり》目《め》に、われわれはピラミッドの傾斜角に刻まれたような夏道を登り始めたが、夏に家族で泊まった白雲荘が上方に見え、さらに本八合と大きく書かれた小屋があり、顎を上げると頂上の鳥居が小さく遠望された。小屋ごとに休んでいたがペースは順調で、八合五勺（三四〇〇m）には四時間で着き、妻に「今、人が来てないから」と物陰で小用を勧めるも「したくないものはしたくない」と強情で、「腎臓を痛めるぞ」と言い置き、自分だけ済ませた。「あと一時間だ」とお鉢巡《はちめぐ》り（頂上の火口縁を一周すること）をしたいので先を急いだ。半袖で登りたいくらいの陽気だったが空気は希薄となり時折、大きく吸い込んでも心拍数は上がり、妻は急にペースが落ち、残雪の登山道はさらに険しく一〇〜二〇歩で息をついて休むようになった。スキーやスノーボードを背負ったチームにも追い越され、頂上の鳥居が永遠のものと思われた。プロトレックの高度計ばかり見ていたが、最後の一時間を二時間半かけて一二時三〇分に雪深い鳥居の下をくぐることができた。夏は砂塵と横殴りの風雨で浅間神宮も分からなかったが、無事にここまで来られた事に感謝して手を合わせ、無人の小屋の前のベンチに座った。テルモスからまだ温かい湯を蓋のコップに注ぎ、ポタージュスープを作った。ガーリックトーストとは良く合い、海苔を巻いたおにぎりも冷んやりして食欲をそそり、一〇〇均で見つけた紙パックのコーヒーは香りと苦みが最高だった。とにかく最高所の剣ヶ峰に登りたく、小用もしてくれたのでアイゼンを妻の登山靴にもしっかりつけてやり、締まった積雪を踏む感触を確かめながら噴火口を時計回りで歩き始めた。すぐの所に露出した岩山の

噴火口の落石跡。向こうは富士測候所のある剣ヶ峰だ！　スキーで滑る人もいる。

ピークがあり、小さい鳥居も見えるが道はない。変だと思ったがまず直登してみるも何も書いてなく、妻もアイゼンをガチャガチャいわせて登ってきたが、地図を見ると火口縁の反対側の大きなピークが剣ヶ峰で、富士測候所の建物も見える。急に私の信用が無くなってしまったと同時に「あんなとこ登るの危ないし、もう帰ろう」と妻が言い出した。「大丈夫だよ、（火口縁を）一周してくるから二時間ほど待っているか」と時計を見ながら反応を窺うと「先に下りてる」と言う。「下りが危ないのに一人で帰れるわけないだろう」と諦めざる得なかった。少し時間に余裕ができたので火口縁の内側ぎりぎりまで近づくと、パックリと巨大な口を開けた擂《す》り鉢《ばち》状の噴火口は雪で被われ、無数の縦溝は、大小の瓦礫が真っ逆さまに落ちていった痕跡だろう。驚いたことに剣ヶ峰直下のスロープでスキーをやっている人もおり、もう少し火口に近づけば奈落の底だった。夏山では風雨の中で子供達に見せられなかったことを悔やみながら、火口をバックに写真を撮ったりし、時間の経つのもパノラマで撮るのも忘れるほどだった。

「尻セード」は楽しいけど

アイゼンを締め直し、午後二時ジャストに下山を開始した。少し夏道を下りると左手に雪渓が現れた。われわれが登って来るとき、アイゼンを履いた人達が一人二人と緩んだ雪を踵から踏み込んで真っすぐに下りてきていたが、まず私が雪渓に出て雪質とアイゼンの効き具合を確かめ、妻に「ピッケルに頼らず足をしっかり踏み込むんだ」と教えて下り始めた。初めはかなり急峻で足を滑らすと一瞬で持って行かれそうだったが、二〜三〇〇mも下ると四〇度くらいの勾配となり、尻セードのトレースも見られるので、私が「スピードがつく前にすぐ止めるんだぞ」と尻餅をついた格好で滑り出してみせ、すぐ山側に体を向けてピッケルで制動してみると簡単に止まった。「やってみるか?」と私が言うなり妻も尻セードを始めた。慣れるとスリルとスピード感があり、なによりもあの登りを考えたら楽チンで、傾斜がゆるくなると滑る距離も長くなり、妻も五〇mもピッケルで制動しながら滑れるようになったが、私の尻はビショビショになった。ずーっと先を行く数人の後を追って行ったのだが、夏道から右の雪渓にそれてしまったようで、冷んやりしたガス（山霧）が出てきて人も見えなくなり不安になってきた。かなり先に鳥居がルートを示すかのように一つ二つと見えたが、どうも右（東）に逸れていくようであった。これが佐藤小屋で言っていた吉田口の下山道で「落石があるので行かない方がいい」ということかと思った。地図を広げたが、信用しなくなっている妻が「こんなとこ登ってきてないし、今のうちに戻らないと」と左側を指差した。よく見ると遠くに標識があるようで、そこまで膝まで食い込む雪を掻き分けて行ってみた。さらに左が本道のようで一人分の踏み跡もあり、斜面を大きくトラバースすると八合

楽しいかな尻セード！

目小屋の前にたどり着いた。後で分かったが、あのまま下っていたら須走《すばしり》口登山道から御殿場に下りていたことになる。佐藤小屋に居た人が、われわれが雪渓をどんどん下って逸《そ》れて行くので心配して見ていたそうだ。アイゼンを外して夏道を下り始めたが残雪と岩が露出している所が混在し、なぜか私だけがよく滑って転んだ。尻は乾き始めていたが、また脇の雪渓に出て尻セードで下り、雪に埋もれた小屋の庇《ひさし》を踏み抜きそうになったりした。雪がなくなった山道を無言で延々と下るのは辛く、下りだけは速かった妻もかなり消耗していた。下山する人に追い越されながら金網の土砂崩れ止めに護られたジグザク道に出て、遅れがちな妻を振り向く度に、足を滑らしながら朝の避難所まで下って来た。登ってきた道が分かれており、誤って下りると暗くなってしまうので困っていると、佐藤小屋の女性が下りて来て「こっちですよ」と言ってくれたがすぐ先に消えてしまった。樹林帯の下りも「小屋はまだ?」と何回も言われながら、薄暗くなりかけた午後六時少し前に懐かしい佐藤小屋に戻って来た。ほとんど一二時間も行動していたわけで、外でタバコを吹かしていた眼光鋭い男性《ひと》に「時間かかりすぎだよ」と言われたが、「うちのが」と妻に目を移すと「仕方ないかな」という顔になった。

佐藤小屋の強者たち

小屋の中には昨日からの人が一〇人ほど残っており、湯気が上がる大釜の周りで暖をとりながらタバコを吹かし今日の山談義の最中だった。夕食の準備に忙しい主人も温かく迎えてくれ、帰るべき所に帰ってきた思いであった。登山靴から雪と泥を払って棚に納め、二階の小部屋にリュックを引き上げた。風呂に未練があるのは「ほんもの」ではないが、羊毛の下着を脱いで新しい綿のに取り替えていると、われわれの帰りを待っていたかのように下から「食事できましたよ」と声がかかった。今日はそのまま山を下りた人も多く、一つのテーブルを髪が薄くなったりゴマ塩頭の私世代が囲み、ことこと煮上がった鍋を突っついていた。室温でも冷えている缶ビールを二人分頼み、妻が取り皿に鍋から具を取って近くの人に回し始めた。若主人がわれわれの傍に座り「雪があってもズックで登る人もいて、この間なんか頂上付近で降りられなくなったと携帯で電話があったんで、うちの若いのが登って行ったら呼ばなかったと言われたんですよ」と顔は笑っていた。スキンヘッドで血色の良い人は、数年前に「富士ランニング登山」に参加し「ランニングシャツに短パン姿で上がったが、頸から上は血が来てるのに手足は蒼白になってひどい水膨《みずぶく》れができた」とまだまだ若かった。「どんどんやって下さい」と居候という元府警の奥さんが、皿に盛られた豆腐や豚肉を鍋に入れ、地酒の一升瓶も回ってきて妻の茶碗にもついでくれた。「御主人はタバコをしないのに奥さんはお好きなようですね」と言ってくれる人もいて「もっと叱ってやって下さいな！　家のゴミを出すのは私の仕事になってるものだから近所の旦那衆から睨まれてるんですよ」と言ってやった。「雪のある富士山は大変だったでしょう」と客の中では紅一点の妻に少しは関心があるようで、妻は「モンブランに登る練習みたいなものですよ」と言ってしまったが、また例の人に睨まれていた。「急な雪渓を下りるとき、アイゼンをつけた靴は雪面にどう踏み込むのがいいか」と酒が入って血色が良くなった人が、白髪だが同年齢の人に質問し「雪面にアイゼンを平行に当てるのが登山技術うんぬん〜」と本格派の議論になった。登山学校を開いている「直登派」らしく富士山の大沢を真っすぐに頂上まで登るそうで「下りるときは経験と度胸だけだね」と言いながら「滑落した仲間もいたけど可哀想にピッケルを蒼氷に弾き返されて下まで落ちてったけど、その時の声（悲鳴）は忘れられないね」と想い出していた。若主人が「私は四代目なのですが、子供のころから親父についてよく落ちた人を捜しに行きましたよ」「靴が落ちてたらその中に足が残ってたりして。屍体が引き上げられたら頭は割れて中身がなくなって、全身が骨折してるのでゴム人形みたいに手足が明後日《あさって》の方向に向いてるんですよ」と頭の上で腕を捻ってみせた。「地元の警察がこの小屋で医者を呼んで検屍までやってたんですよ」ととても酒の肴になる話ではなかった。昔は（私の若かった頃でもあるが）冬はこの佐藤小屋だけ開いているので外までテントが溢れ、うるさいと先代に薪を投げつけられた人もこの中に居たという。戦後の混乱期から高度成長期の若者の多くが、青春を発散するために山を目指したのが第一次登山ブームであった。そのベビーブーム世代（数が多いので団塊の世代とも言われる）が戦後五〇余年経った今、仕事一筋だった人生に余裕が出来、子供の独立とともに山に戻ってきたのが第二次登山ブームではないだろうか。直登の話に戻るが、私が学生の頃、春先に八ヶ岳の赤岳を緩斜面の北側から登り、吹雪で二日間テントから出られず、寒さで体の全ての筋肉が震えて一睡も出来ないことがあった。降り積もった雪を漕ぎながら樹林帯を彷徨《さまよ》ったがやっと赤岳の尾根にたどり着き、雪庇《せっぴ》を踏み抜かないよう下を見ると、赤岳温泉の屋根が小さく見え、そこから真っすぐ尾根に上がってきている誰かのトレースがあった。尾根から直登の足跡を下りようとするが、まさに消防車から垂直に立てられた梯子を背中にして手も使わないで降りるような恐怖感があり、しかも数百mも真っさかさまに下っている。格好悪かったが雪面に顔と胸を向け、下を見ないようにピッケルを雪壁に差し込みながら登るようにして降りたことを思い出した。話は尽きないようでわれわれは支払いを済ませて上に上がったが、眠りにつくまで下から笑い声が聞こえてきた（参考までに一泊五〇〇〇円、一食一〇〇〇円で地酒や馬刺の差し入れまであった！）。

富士登山の興奮が抜けきらないのか熟睡出来ないまま朝を迎え、小屋のサンダルで外に出ると寒くはなかったが、お日様は雲に隠れ、富士山も中腹までしか見られず、トイレ

富士山愛好会のような佐藤小屋の面々。

を済ますと下山のパッキングを始めた。玄関では朝食をする人も居たが、われわれのように馬返しからの往路を下山する人はいないようで「昔は一〇時間もラッセル（深い雪を掻き分けて登ること）してここまで来たこともあったがな」と居候氏も長い登山人生を振り返っていた。若主人に「撮った写真などを送りたいので」と名刺を交換し「沖縄に来ることがあったらわれわれの海外登山のビデオをお見せしますよ」と言って別れを惜しんだ。日本にも富士山というほぼ四〇〇〇m級の山があることを誇りに思い、五月にしては雪が少なく物足りなかったが、妻には積雪期登山の体験が出来、希薄な空気にもめげず登頂を極め、噴火口に驚愕し、滑落もせずに無事に下山できたことを朝靄《あさもや》の富士に向かって感謝した。富士山は昔より神聖な山として、あるいはその優雅さから、時には国の象徴として万民に愛され、一夏一五万人の登山者を迎える庶民の山であるが、積雪期には登山家が命を賭けて挑戦する最も厳しい山でもあり、「富士に始まり富士に終わる」人生とともに歩む山でもあった。

7章　西表島《いりおもてじま》縦断・家族トレッキング

いざ、最端《さいはて》の島、東洋のガラパゴスへ

西表島は琉球弧の南端にある沖縄本島に次ぐ大きさの島で、緯度は台湾北限に当たり、島の高地から東西に流れ出る急流は大小の滝を作り、奥深い入り江にはマングローブが繁茂し、生きた化石と言われる西表ヤマネコや椰子《やし》ガニが生息する東洋のガラパゴスである。西海岸から浦内《うらうち》川を遡《さかのぼ》り、マリウドやカンピレーの滝を巡りながら密林に踏み入り、源流の徒渉を繰り返し、分水嶺を越えると島の東側に出ることから西表島の縦断が可能である。しかし亜熱帯性植物が繁茂して展望が利かず、熱気と湿気に耐え、蛭やハブに怯《おび》えながらビバーク（野営）覚悟で一日で踏破すると言うジャングル・トレッキングである。沖縄タイムスに自衛隊の先遣隊がイラクに向かう写真と共に、「ガイド付き西表縦断ツ

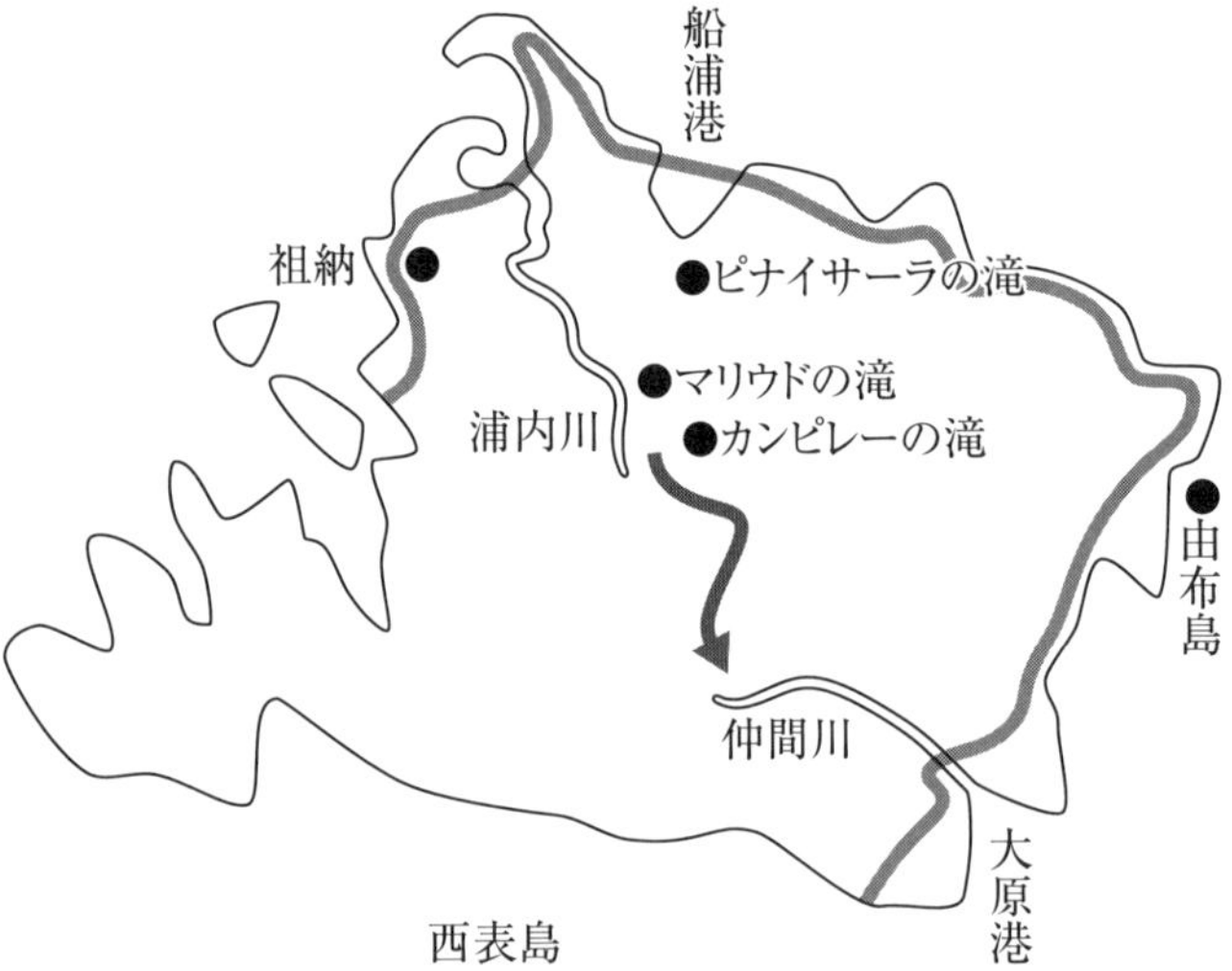

船浦港
祖納
ピナイサーラの滝
マリウドの滝
浦内川
カンピレーの滝
由布島
仲間川
大原港
西表島

那覇
沖縄本島
台湾
宮古島
石垣島
西表島
太平洋

アー」が載り、受験生の次女も今年は落ち着きそうであり、暑くない季節ならと家族で挑戦する気になった。長男が春休みに入る三月下旬の週末にと決め、いつも格安航空券の変更まで快くやってくれるツーリストのＹさんに「金曜の出発なので午後出たいけど」と頼むと「企画ツアーなので〜」と厳しそうだったが、「なんとか午後の便を四人分取りましたよ！　料金もそのままで」とラッキーな電話が入った。妻は八重山《やえやま》（石垣島と西表島地方）は始めてで、子供達は修学旅行で行った事があるので気乗りしないようであったが、「山猫の出るようなジャングルを歩いて島の向こうに出るとスカッとするよ！」とアピールし、航空券とホテルのクーポン券が手元に届くと「台風が来ようが、仕事が入ろうが、子供達が行かないと言い出そうが、行くっきゃない！」との気持ちになった。

今日は二時㏘発の飛行機なので、午前中に仕事を終わらせ、ママさんナースに「無理しないで下さいよ（年だから）」と言われたが、「低い山だし、（まだまだ）大丈夫！」と足早に病院脇の道路を横切って駐車場に急いだ。家に帰ると案の定、まだ誰も出発準備が出来ていないようで、妻も台所でガサガサしていたが「ジャングルの中は半袖と短パンは駄目だよ」と念を押し、子供には「英語の単語帳くらいは持って行きなさい」と急がせ、家の戸締まりもそこそこにＳＵＶ車に乗り込んだ。那覇空港の離島便は奥の一角に追いやられていたが、新空港になって国内線と肩を並べて離発着するようになり、妻は「いつの間に」と驚いていたが、離島便に乗るのは二〇年前に私と婚前旅行に久米島に行った切りだった。出発まで一時間を切ったが、昼食はまだなので「寿司だ、いや焼肉だ！」といつものように意見がまとまらず、結局、エンダー（A&W）のハンバーガーに落ち着いた。私のリュックは皆のより大きく、四人分のゴアテック（雨具）やツエルト（簡易テント）、ランプ、予備食、コンロ、シャベルや登山ナイフまで詰め込んでいるので搭乗手続きの時に預けたが、妻と子供達はほとんど着替えだけが入ったリュックを持って左右三列シートの狭い機内に乗り込んだ。石垣島まで一時間の飛行だったが水一杯出ず、着陸態勢に入ったかと思う間もなくドーンとタイヤが滑走路と接触し、その瞬間、逆噴射で隣の空席に置いたグラビア誌が前に飛んで行った。滑走路が短く、ベテランのパイロットでないと海まで突っ走ってしまうとのことで、ジェット機が安心して離発着できる空港をと何と三〇年近く議論されている。直ぐタクシーに乗り込み「西表まで行くんだけど」と言うと「安栄観光ですね」と一〇分余りで高速艇が桟橋に横付けされている石垣港に連れてってくれた。船会社が軒を連ね、その一つの女性事務員は「北風が強く船浦《ふなうら》航路は欠航してますので大原まで船で行ってもらい、船浦まで送迎バスに乗って下さい」と他の客にも伝えていた。高速船は機内のように座席も立派で、乗って分かったが少々飛び上がっても腰や尻を護るためで、ジェットエンジンが「ウイーン」と加速すると岸壁を離れ、その場でグルッと回転して港外を目指した。浮標《ブイ》を過ぎると五〇㎞位まで加速し、押し寄せる白波を蹴立てて押し進み、飛沫が窓を覆うので潜り始めた潜水艦のようだった。ジェットコースターよりもローリングが加わるのでスリリングで、子供達は大喜びだったが妻は飛び跳ねるごとに絶叫していた。デジタルが主流になり八ミリビデオは持つのも気兼ねする位になったが、わがハンディカムはなお愛着があった。長男は写真やビデオで撮られるのを嫌がるのでそっと後ろからだけ撮ったり、大きく上下する西表島を窓越しに撮っていると、小一時間でほとんど栈橋だけの大原港に滑り込んだ。マイクロバスが一台停まっており、乗客は乗り込んでいるが運転手はおらず、地元風の女性に聞くと「船浦には行くはず」とのことで長靴のおじさんが黙って運転席に乗り込むとそのまま動き出した。横揺れとカーブのスピードが気になったが、ひょろっと長い椰子《やし》が混じる雑木を切り開いた舗装道を北に進んでいるようで右手に時折、リーフと波打ち際が見え、西に向かう頃には砂浜が広がり、ピナイサーラの細長い滝が雲に覆われた山間にかすみ、五〇分位で船浦の港町に着いた。観光客らしき人も居たが「〇〇で降ろして下さい」と運転手に伝えたが「もう過ぎたからここで降りて泊まる所から迎えに来てもらって」とのことで降ろされるので、慌てて宿泊予定のアイランドホテルに携帯で電話すると「粗納《そのう》で降りて直ぐです、あと一五分位で着きますから」との女将らしい人の声だった。バスは浦内川の大きな入り江に架かる橋を越え、この島では三ツ星と思われるホテルの前に停まった。中に入ると小学生でごったがえし、大谷直子に似た大柄な女将さんが出て来て「済みませんがこんな状態になってしまったので直ぐ近くのログハウスがあるのでそちらに泊まって頂けないでしょうか」と丁重で、「ログハウスなら妻も好きですから」とオーケーし、宿泊カードと共に入山書を記入した。大きくはないがワンルームで板の三角屋根を裏から眺められ、梯子を上がると屋根裏にもベッドがあり、明るい室内灯はもとより、ガスコンロから熱いシャワーまで揃っているではないか！　妻は「一〇〇〇万あれば建てられるはず」と言うので「一つ屋根に家族で暮らすにはこの方が良かったね」と親も入れてくれなくなった子供部屋を考えてしまった。夕食はホテルの食堂に戻り、地元で取れる八重山イノシシの肉が固形燃料でクツクツと煮込まれ、近くの漁港で上がった鰹のタタキも並んでいたが「これ、御迷惑をかけたので」と五色エビのウニ焼きや地ビールの生《なま》まで女将さんのサービスだった。

「バナナハウスから電話です」と言うので植物園かと思ったらトレッキング・ガイドの人

からで、「明朝八時一五分に迎えに来ますので行動中のドリンクなどの準備をしておいて下さい」とのこと。ログハウスに戻ると次女が「コンタクトのケースと洗浄液を忘れてしまったので二～三日なら目に着けたままでいい？」と無知なので「ソフトコンタクトでも外さないと角膜炎を起こすよ」と注意したものの困ってしまった。フィルムを抜いたプラスチックケースにRとLをナイフで刻み、生食水（生理的食塩水）は近くの「星砂スーパー」でペットボトルを買い込んだ際に店の女性が二階の自宅から食塩を小分けしてくれたのを水道水で溶かした。「この位かな」と味見をしたが、血液の代用にもなる生食水は海水ほど濃くなく、生命が生まれたときの大海の味だった。

マリウド、カンピレーの滝へ

朝の七時きっかりに携帯電話の「ピリリーン、ピリリーン」で起こされ、久々に爽やかな木の香りに包まれて熟睡できた。こんな亜熱帯でも肌寒く、薄暗かったが、まだ三月で西の最端《さいはて》に来ている訳だった。妻から起こすと子供達も起きて来て、フィルター付きコーヒーに熱湯を注ぐと香ばしく、ストレートで飲めるようになった次女は喜んだが、長男はまだコーヒーは苦手だった。荷物を全部持ち、迎えに来たワゴンでホテルに戻ると昨日の小学生がリュックや手荷物を持ってロビーでワイワイしており、引率の先生方も「部屋にあった忘れ物、誰のですか」と気配りが大変だった。朝食はグルクマ（南方系の鯖）の照り焼きが旨く、妻まで御飯をおかわりし皆、体調は上々であった。トレッキングに持っていかない荷物と貴重品をフロントに預け、小雨がぱらついているので妻と次女はゴアテックの雨具を着込み、私はビニールのハットを被り「靴紐をしっかり結んでおくんだよ」と外に出ると黒髪を中央から分けた男性がやってきて「ガイドのMです」、「本島から来たIですが、家族はみな登山経験はありますので」と挨拶を交わし、昼食のおにぎりとテルモスに入った御茶を一人一人に手渡してくれた。われわれを乗せたワゴン車が福木（葉の厚い防風林）で囲まれた部落を抜けると広大なリーフが開け、浦内川の河口に架かる橋から眺めると、雲で覆われた奥深い山々から水を集めた川と海からの入り江が汽水域（真水と塩水が混じる水域）を作り、両岸にはマングローブ林が繁茂していた。橋を渡ると直ぐ船着き場があり、小学生の団体と一緒にジャングル・クルージングと書かれた日よけ付きのボートに乗り込んだ。ゆっくり動き出すと船首に立っている人が岸辺の植物を指しながら説明を始めた。「マングローブとは汽水域に生える常緑樹の総称で、ヒルギ科が多く、水中の酸素が少ないので呼吸根を垂らし、潮の満ち引きで水位が上下するので蛸足のような支柱根を泥の中にしっかり降ろし、台風にも耐えられる」とのこと。「先島スオウノ木は扁平な板根で支えており、丈夫なので舟の梶にも使われた」らしい。聖紫花《せいしか》という薄紫の花が岸辺で気品高く咲いており、八重山固有のツツジ科で沖縄の歌にもなっていた。淀んだ水域を三〇分ほど遡《さかのぼ》ると黒く角張った岩が二

マリウドの滝を展望台から望む。

つ三つ現れ、おそらく戦前に営林所があった頃に名付けられたのだろう、軍艦岩と呼ばれる小さな波止場に着いた。小学生より先に歩き出すとすれ違いが出来る整備された遊歩道になり、ヘゴ羊歯《しだ》やツワブキの間から日陰ヘゴがひょろりと伸び、薄暗いので八ミリを覗くとライト不足の表示が出て、さすがジャングルだった。ツワブキはカエルの傘のようで我が家にもあり、薬にもなるそうで、Mさんによると日陰ヘゴは山大根とも言われ芯は柔らかく食用になるとのこと。星型をした可憐な白い花が沢山咲いており、エゴノキと言い、リンドウのような小さいラン科とのこと。急坂を少し登ると展望台があり、眼下には数十mの落差で五〇mほどの幅があるマリウドの滝が三段となってダムの決壊のように豊富な水量を迸《ほとばし》らせていた。ここは明るいが八ミリを覗くとやはり光量不足なので「また壊れたよ！」と妻にぼやくと「レンズに蓋が付いたままじゃない」と惚《ぼ》け老人扱いされた。小学生が追いついて騒がしくなったのでさらに上流のカンピレーの滝まで遊歩道を進むと、フトモモと言う変な名だが、淡黄色の長い花弁が羽毛のような植物が目を引き、果実になると芳香があり大変美味とのこと。カンピレーの滝は落差は少ないが急流が階段状に落ち、近くに行って足を滑らすと大変と妻に言われながら八ミリを構えた。Mさんは「流量がいつもの六割増しになっているので、上流の板敷《いたらしき》川を徒渉できないかもしれないですね！　昨夜かなり（雨が）降ってたでしょう」と心配しているので「今は降って無いし、天気は回復するようだと水カサも減るんじゃないですか？」と言ってみたが「渉《わた》れなかったらマヤグスクの滝を往復することになりますね」とのことだった。川原の岩盤には五右衛門《ごえもん》風呂みたいな穴が幾つも空いており、ポット・ホールと呼ばれ、私はミラクル・ホールと呼びたかったが、川砂には砂鉄が含まれているので川の渦で鉄が岩を削ったものだった。

川原でポット・ホールをガイドのＭさんと不思議そうに眺める家族。

これがジャングル・トレッキングだ！

「西表島縦断入口」と書かれた標識には「～大富八・七㎞」とあり、〇・四㎞ごとに標識が立てられ、大富部落の林道まで八時間、早くて六時間かかるとのことで、一〇時㎂にカンピレーの滝を後にした。ガイドのMさんが先頭で、植物のことを聞きたい妻が続き、妻と相性のいい長男がその後に、何かと話をするようになった次女が私の前となったが、Mさんに「荷物が少し重いのでゆっくりでいいですよ」と声をかけようとすると「このペースでいいですか？」と聞かれ、妻が「ちょうどいいですよ」と思いやりが無かった。亜熱帯樹林を切り開いた登山道は粘土質で昨夜の雨でぬかるみ、「滑りやすいですよ」と先頭から言ってくれるが、後ろからも「気をつけて！」と励ましたつもりが右足を滑らせ堪《こら》えた左足が膝下までズブズブと泥沼に埋もれ、皆に引き上げて貰った。長男も足をツタに捕られたようで左足を残して体が斜面に落ちてしまった。靴紐が緩んで引っかかったようで、強くすると歩きにくいなどと何度も締め直すので時間がかかり、次女までがイライラして転んでいた。Ｍさんが立ち止まり、緑っぽい木を指差しているのでよく見ると緑の丸い実が幹から直接幾つも生えているではないか！　ギラン・イヌビワと言ってイチジクと同じ無花実で、八重山オオコウモリの好物らしい。急坂の登りは足下が滑るので硬い羊歯《しだ》を掴《つか》んで体を引き上げ、休憩は広場もないので山側に寄りかかって各自のペットボトルで喉《のど》を潤《うるお》し、手を痛めるといけないので軍手を配った。歩き始めると小枝に木登りトカゲがおり、カメレオンのように緑色に変色するらしい。長男が手にとってポケットにしまおうとするので「この島の生き物はみな天然記念物だからリリースしなさい」と私もエコロジスト（環境保全学者）になっていた。一時間余りで営林小屋のあった広場に着いたが沢から一〇ｍも高いのに台風で流されたらしい。昔は黒檀《こくたん》など貴重な樹木を切り出し、三線《さんしん》（琉球三味線）の柄にしたが、今は森林の全てが法律で保護されているとのこと。「このペースだと日暮れまでに山道に出られないかもしれませんよ」「あと一時間ちょっとで板敷《いたらしき》川ですが渡れるかどうかが問題ですね」と前途に不安を抱えながら密林の中を進んだ。山道はよく踏まれているがベチャベチャで草木を掴《つか》まないとバランスを崩し、枝が跳ね返って次女の顔に当たるので前を行く長男に「今度やると承知しないからね！」と怒りをぶつけていた。錦蛇《にしきへび》のようなツタに巻かれた木があり、「絞め殺しの木」と言われるツ夕で、もう少し先に行くと、絞め殺されて朽ち果てた木と緑の枝を伸ばしたツタだけが残っていた。板敷川の急流は浦内川に注いでいたが、「渡れそうですね」とMさんがゴムの長靴でゆっくりであるが一歩づつ流れに逆らいながら向こう岸まで歩いて渡ることが出来た。次は妻が二、三歩、登山靴のまま川の中を進むと膝下まで沈み、一瞬立ち往生したかに見え、「このまま流されたら直ぐ川に入っても間に合わないし、四、五〇m先の浦内川まで急流に持って行かれるはず！」と緊張したが、妻は片足を引きずるように一歩、また一歩と川中を歩き、真ん中の岩に足を架け飛び石伝いに向こう岸に渡ったではないか！長男と次女もゆっくりではあるが徒渉し、今度は私の番となった。急流に足を浸けるとグッと堪えないと持って行かれそうで、片足で堪えながら片足を出すのはこれ以上の流れだと無理だった。後で聞いたが、五〇m上流にはロープが張ってあり、もう少し渡り易いところがあったらしい。難関をクリアーした喜びに浸る間もなく、川床から土の絶壁を上がらなければならず、結目の付いた縄が一本垂れており、ぶら下がりながら足場を探して一人づつ登り始めた。次女が縄に取り付いたが「足が何かに噛まれてる！」と私がズボンの裾をめくり、靴下を下げると何と黒い蛭《ひる》が数匹吸い付いているではないか！　ライターの火かアルコールで落とす方が皮膚を痛めないが、目の前の足首から蛭を一匹づつ引き抜いてやった。浦内川の沢沿いの狭い登山道を藪を手で払いながら登り降りし、小休止は水分の補給だけにし、じっとしていると密林の中で閉塞感に襲われそうになるのでMさんのハイペースはむしろ気晴らしになった。午後も一時を越したので少し開けた草むらの山小屋跡で昼食にし、エチルアルコールのコンロに火を点けてインスタントコーヒーを沸かしながらおにぎりを二つ平らげ、一つは長男に投げてやった。甘く熱いコーヒーをMさんにも飲んでもらい、精気が蘇ってきた。中間広場まで一時間かかったが、「このペースだと五時には大富部落の林道に出られますね」とすでに気持ちは峠を越えていた。狭くなった沢が東に向きを変えたので仲間川の源流に辿り着いたと思ったが浦内川が北に流れるようになったためで、淀んでピラニアの住む池のようになったり、急流になったりしていた。「この川にはイワナやアユはいないんですか?」と聞くと「西表の川の生き物は海から上がって来たもので島に閉じこめられて独自に進化したんですよ」「手長エビやハゼの仲間がいますね」とのこと。八重山アオガエルがコロロ、コロロと鳴いていた。山道は心持ち広く歩き易くなり、三〇mほど上り、息を整えながら下るのを繰り返しながら黙々と足早に先を急いだ。沢はほとんど小川となり、靴を浸さないでも飛び石伝いに徒渉でき、粘土質の川縁では「ここでよく西表ヤマネコの足跡を見つけるんですよ」と言われ皆で探したが雨で消えているようであった。カンピラーの滝からすでに四時間を回っており、ジャングルの中を徘徊《はいかい》しているようで外の景色も見えず、湿度は高く汗が乾かなかったがムンムンするような熱気が無いのが救いだった。四月になると夏のような陽気の日もあり、一二月から二月は日が短く、この三月が涼しく雨が降らなければ最高の月だった。道標も大富まで二㎞を切り、密林の中は午後三時を過ぎると薄暗く、早くこの密林を抜け出たい焦燥感に駆られたがいつまでも浦内川の源流が途絶えず、「仲間川の源流はいつ始まるのか」と考えていたが、「最後に二三〇m（標高）の分水嶺を越したら直ぐ林道に出ますよ」と励まされた。あと〇・四㎞の道標があり、陸上競技場を一周するだけとなったがマラソンを走り終えるような歓声もなく汗を拭いながら最後の登りに挑んだ。下りになると砂利道が木々の間から見え、林道に出る最後の一歩を滑って尻餅をついてしまい、皆の笑いと共にジャングル・トレッキングは終わった。林道はまだ明るく、時計を見ると四時三〇分で、われわれはカンピラーの滝から六時間三〇分でジャングルを踏破したわけで八時間以上かかると真っ暗な密林を歩くことになっただろう。下りの林道を妻を先頭に子供達が手を大きく振りながら早いペースで歩き始めたが、「一時間余り歩くとゲートがあるのでそこに迎えの車が来ることになっています」とMさんが言うと三人は走り出すではないか！

とても後を追う気になれず、足の爪も剥がれかけているようでMさんと一緒にしばらく歩くと、モクマオ（亜熱帯の針葉樹林）の大木があり、「ここからは山が切れていて電波が届くんですよ」と携帯電話を取り出した。「四人皆、無事に下山しました」と島の派出所に報告しているようで、バナナハウスには電波が途切れたりしたが迎えに来てくれるよう連絡していた。林道の側溝を工事しているらしく、トラックがわれわれを追い越して下って行ったが、干《ひ》からびたハコガメが四角くペッタンコになっていた。珍しい陸生の亀で八重山と台湾にのみ生息し、腹甲が折れ曲がるので首や手足を完全に甲羅の中に引っ込めることができ、この亀に出会うと雨が降るらしい。小一時間歩くと木のゲートがあり、登山靴を脱いで洗っている見慣れた三人がおり、「車が来るゲートはこの先なんですよ」とMさんに言われて「なーんだ」と靴を履き始めた。小高いところに展望台があり、私から上って行った。向こうの山肌にひょろ長い八重山ヤシが群生しており世界でも珍しい一属一種の椰子で西表島ではここのウブンドル（地名）と星立、石垣島の米原だけに自生しているとのこと。さらに林道を下ると右手にやはり展望台があり、仲間川が雄大に蛇行し、広がるマングローブ林に真っ赤な太陽が沈みかけたアマゾン河を思わせた。ほどなく木製のゲートがあり、ここに迎えに来てくれるとのことで敷石に腰掛けてペットボトルを口にすると雨が降ってきた。雨具に袖を通しながら先ほどの「雨を呼ぶハコガメ」を思い出した。

西表島はエコロジー・アイランドなのだ！

ほどなくバナナハウスのワゴン車がやってきて、刈り込まれた顎鬚《あごひげ》の森本さんと言う人（テレビでも西表のガイドをしておられた）が降りてきた。泥で汚れた靴とリュックのまま乗り込むと「早かったですね。まだ暑くないから」と言いながら車は林道を大富部落に向かって走り出した。昨日着いた大原港は少し南にあるが、また島をグルッと半周することになり、海岸線に出て右手に小島が見えると「由布島といって干潮時には水牛車で渉《わた》れ、島全体が亜熱帯植物で被われ、ホロホロ鳥などの野鳥が歩き回っていますよ」とハンドルを取りながら話してくれた。私が「ずいぶん昔になりますが、小浜島に泊まってヨナラ水道でダイビングしたけど流されて、あの島に流れ着いたはずですよ」というと「マンタ（イトマキエイ）を見に来るダイバーが多いけど事故もあるようですね」と巨大な鮫と遭遇したことを思い出した。森本さんは話好きというよりも西表を知って貰いたいという熱意が感じられ、「この西表島は中国の揚子江から張り出した地盤にあって水が豊富な地層のため多様な動植物を育み、独自の進化を遂げたが、隣の石垣島は鹿児島から続く琉球列島南端の地盤のため水が乏しく、亜熱帯植物も十分育たなかった」とのこと。われわれの宿泊地より少し南の白浜は炭坑で栄えた部落でもあり、太古には大陸と繋《つな》がり巨大な羊歯《しだ》植物が繁茂していた証拠でもあった。青い稲穂をたたえた水田が見られ、二期作で収穫も多いがマラリアが入植者や戦時中に疎開させられた人々を苦しめた歴史もあった。西表島には海底火山もあり、星砂の浜の近くで温泉がボーリングされており、金鉱もあったとのことで「あそこに掘られた穴があるでしょう」と車内から崖を見るとキラキラした岩があり「あれは黄銅鉱で、金と間違えて掘った跡ですよ」と人情の西表にも強欲な人もいた。道路に赤い滑り止めが施してあるが直線コースだし、縞状なので変に思ったが、「西表ヤマネコは夜に出没して道路を横断するので車が通るとガタゴトと音を出す仕掛け」だそうで、それでも去年は三匹轢かれたとのこと。道路には山猫の絵入り表示板が立てられ、道路の下には動物用の横断トンネルが掘られており、平成の「御猫様」であった。西表ヤマネコは人で言うとピテカントロプスのような化石種と考えられていたが、ＤＮＡ鑑定ではアジア各地に現存するベンガル猫の一種で、それでも固有の進化を遂げており天然記念物の価値は十分あった。妙に高い電信柱は海岸の琉球松を切り倒さないで保護するもので、逞《りり》しい嘴《くちばし》を持ったカンムリワシが強力な鈎爪《かぎつめ》で電柱の頂を掴《つか》んで遠くを睨《にら》んでいた。林の中の道路には鶏のようにキョロキョロしながらオオクイナが横切っており、職場のナースが子供の頃食べたという天然記念物のヤンバルクイナとは違って飛ぶことが出来、西表ヤマネコなどの天敵がいたためだろうとのことだった。森本さんはもっと西表の自然を説明したいようであったが、すでに浦内川の河口に架かる橋に来ており、今朝発ったときは満々と水を湛えていたが、干上がった中洲が見えていた。

エコロジストと呼ぶべき森本さんだったが名刺をくれて車を降り、Mさんが運転してホテルまで送ってくれ、再会を約束して別れを惜しんだ。西表島には多くの自然愛好家＝エコロジストが貴重な動植物をかけがえのない人類共通の財産として未来に残そうとしており、自然や生き物を愛することは自然と接することの少ないわれわれを癒してくれるものであり、同じように家族や人を愛することを子孫に伝えていくことでもあろう。

８章　長女と登る秋の白馬《しろうま》大雪渓

足並みの揃わない家族

雪渓とは高山に積もった雪が夏になっても溶けず、尾根と尾根の間の沢筋に万年雪となり、アイゼン（登山靴に着ける鉄爪）を着ければ頂上近くまで石ころに悩まされることなく左右の尾根に咲く日光キスゲなどの高山植物を見ながら高度を稼《かせ》げる夏にして積雪期の登山を満喫できる別天地である。雪渓を登り始めるとクレバス（雪渓の裂け目）から雪解け水が轟音と共に流れ、暑さに緩んだ雪を踏みしめて登ると次第に傾斜が増し、汗を拭いたくなるとガス（山霧）が辺りを覆い、天然の冷房に震えることもある。日本三大雪渓は白馬、針ノ木、剣《つるぎ》の大雪渓とされ、いずれも北アルプス北部にあり、飯豊《いいで》山地（新潟・福島県境）の大雪渓も加えられることもあるが、剣を除いて学生時代に登っていた。とくに白馬の大雪渓は日本最大で、高山植物の宝庫でもあり、愛らしい雷鳥のつがいに出会ったりすることもある。「夏が来れば思い出す〜」と毎年、鼻歌でねだる妻にも素晴らしい白馬の大雪渓に連れて行ってやりたかった。

長女は信州の医療系大学に入り、寮生活を始めたが寂しさと都会への憧れから五月病がこじれ、授業にもあまり出てないようだった。妻が出かけたが逆効果になり、東京ディズニーランドで家族が一日だけ揃ったが、二学期が始まっても居酒屋やパチンコ屋でバイトばかりしていた。長女はまだ次女も生まれていない頃、近くのスーパーに行くと必ず、「あれ買って！　これ欲しい！」と菓子やおもちゃ売り場の床に大の字になって泣きわめき、「またこの子やってる！」と店のおばさん

左は白馬岳で大雪渓が山肌に見える、右は駒ヶ岳。

達にも有名だったが、二〇歳になっても精神年齢はまだ成長期だった。携帯電話には出ないのでショートメールを交換していたが、「入学したら車を買ってやると言った！」と言い張り、私はそんなこと忘れていたが「内地では皆飛ばすので危ないから」と相手にしなかったことも原因だと分かり、「これが親馬鹿と言うやつか」と自戒しつつ妻の反対も押し切ってコンパクトカーの新車を買わされてしまった。カーコンビニショップが長女の近くにあり、「車の管理や事故処理もさせて頂きます」と携帯電話ながら言ってくれる若い声の店長に少し安堵し、「授業も出てるよ！　実習も面白いし」と今年になってからは携帯で話し合うことも多くなり、大学生活も軌道に乗ったようだった。

全国版ニュースになった伊是名《いぜな》沖のレジャーボートで起きた急性一酸化炭素中毒では、三台の救急車が赤ランプをピカピカさせてわが病院の救急入り口に乗り付け、意識のない三人が同乗して来た医師らに人工呼吸をされながらチャンバー（高気圧酸素治療装置）に運び込まれた。幸い三人共、意識が回復し、「高気圧酸素療法はベッカム（英国のサッカー選手）の足の治療だけでないぞ！」と内外にアピールすることが出来た。次女も医療系大学を目指し、朝は弟と一緒に那覇まで送って行くが夜は一二時近くに「もうれつ塾」から帰って来て、「月月火水木金金」の大本営もびっくりで、「受験が終わったらキリマンジャロだよ！」とこの夏は登山どころではなかった。高二になった長男は放課後、ゲーセン（ゲームセンター）に入り浸《びた》ることも多く、サッカーも仲間とやってはいるが勉強には身が入らず、遅くなると叱られるので坂を駆け上がって汗だくの顔で「ただいま！」と玄関のドアを押し開ける毎日だったが、夜中に勉強しているようでもあった。妻が長男の夏期講習を決めて来て自分も二人を見るので「夏は山どころでない！」と言い出し、家族登山は諦めていた。長女から携帯の着メロが鳴り、「父さんと山行ってもいいよ、親孝行でしょ！」と言い出した。何か裏があるようではあるが、最近、彼氏ができて「スノボーとっても上手くて、東京の大学を出て信州で仕事してるの」とゾッコンのようで、運動音痴を自負して来たがプールにも行ってるとのことで「体の線が気になり出したかな？」と半分納得した。

フィリピン東方海上に台風が発生し、沖縄に上陸するかもしれないとの台風情報から一日早く出発することにした。風が強まり雨も斜めから降り始めたが、リュックを抱えて妻が運転するワゴン車に乗り込んだ。「内地に上陸したらどうするの！　山の上じゃ天気も良くないし」と言う妻の言葉をもっともと思いながら空港のチケットカウンターに向かったが、乗客がフロアーにシートを敷いて座り込んでおり携帯で声高に電話している人も多く、上の電光掲示板を見ると全便欠航（Cancelled）になっているではないか！　三〇分前には飛んでいたらしく、結局、台風は九州に上陸し白馬連峰を直撃したではないか！長女は九月に前期の期末試験があり、一〇月ならと言うことで山小屋が開いてる最後の連休に決めた。長女から携帯が入り「父さん、学園祭で特産品コーナーをやるので沖縄からサーターアンダギー（砂糖天ぷら）を買い込んだので後で返すからお金送って頂戴！」といつもの出世払いをさせられ、ちんすこう（沖縄の銘菓）も沢山送ってやったが、「一三〇〇円の儲けになっただけだよ！」と言って来たがもっと儲かっているはずだった。

信州伊那谷へ

一人で両側にピッケルを差したロングザックを背負い、那覇空港に立つのは始めてで、一〇月の体育の日を挟んだ連休が始まろうとする金曜の午後だったが、沖縄からレジャーに発つ人は少ないようだった。今日は正午までにチャンバー（高気圧治療）の仕事を終わらすことが出来、救急部の先生には「山の中でも携帯は通じるはずだから」と仕事から完全に解放された訳ではなかった。名古屋空港には二時間余りで着き、リムジンバスに乗って名古屋駅前の名鉄バスセンターに向かっていると秋の夕暮れは早く、環状高速で車は混みだし、市街に入るとラッシュアワーに巻き込まれたが「高速バスの時間は十分あるはず」と焦る気はなかった。バスは路地を左折してターミナルビルに上り、地階のようにコンクリートで囲まれた薄暗い所に降ろされ、リュックを背負って反対側まで歩くと高速バスの待合所があり、乗車券を買うため長い列が出来ていた。「五時三〇分発の方は居ませんか！」と何度もチケットカウンターの女性がアナウンスしており、リュックトップからインターネットで予約したコピーを見てみると六時㏘発と思ったのが五時三〇分発ではないか！ 人垣を掻き分けながらカウンターに行き「済みません！」と言ってコピーを差し出すと直ぐコンピューターで番号を確認して三〇〇〇円と引き替えにチケットをくれた。近くのバスのトランクが開いており、その前に立つ運転手に行き先を聞いた後、重いリュックを急いで押し込んだ。指定された座席は最前列の窓側でドライバーと同じようにフロントガラスを通して前方が開けっぴろげで速度計も見えた。名古屋市街を抜け名神高速の小牧から中央高速に入る頃は街の灯も少なくなり、ヘッドライトが前方を走る車を照らし、何台もの大型トラックが追い越して行った。昨日、携帯で「八時㏘には着くからね」と言っておいたが長女が大学で一年の時サボった顕微鏡を見る実習を夜遅くまで受けているようだった。恵那山トンネルは一直線に一〇㎞以上も続き、排気ガスで前方は曇り、前照灯の光は二重になる所もあり、ソウルの地下鉄火災の恐ろしさが想い起こされた。パーキングエリアは遠距離トラックや高速バスが停まり、五分間の休憩の後、乗務員の点呼で再び暗闇の高速道の流れに加わった。所々にバス停の引き込み線があり、バスを降りる人や乗る人が居なくても徐行して通過していたが、二時間半で駒ヶ根に着くとバスはインターチェンジを回りながら下り、市内に入って閑散としたバスターミナルに到着した。「来てるかも」と灯りも人通りも少ない商店街を見回しながら携帯は二回目で繋《つな》がり、「お父さん！」と近くに居るような声が返って来た。コンパクトカーがやって来て「シルバーかと思ったら真っ黒な車じゃないか？」とほぼ一年ぶりの会話が始まった。車の後ろには女の子らしくピンクの造花が垂らされ、後部座席を整理しながらリュックを置かせてくれた。八時を回っていたので「旨《うま》い店あるかな？」と言うと「高そうで入ったことはないんだけど」と、イタリアンのダブルドアを開けるとナイスカップルが向かい合ってテーブルのパスタを楽しんでいた。娘は妻が作るラザーニアが懐《なつ》かしいらしく、私はシェフお勧めの茸《きのこ》スパゲッティにし、私の生ビールと娘のジンジャーエールで久々の対面を祝った。スーパーに寄って山に持って行くポカリやウーロン茶のペットボトルなどを買い込み、娘が土曜日にバイトしていると言う書店に寄って小柄で人の良さそうな店長さんに「ふつつかな娘《こ》ですが〜」と親父《おやじ》ぶってしまった。我が娘《こ》とは言えアパートに泊まる訳で「いいよ」と言ってくれたが、親父《おやじ》以外に泊めてないだろうなと心配にもなった。駐車場付きの新しいアパートでエレベーターもあり、小綺麗にされている部屋にリュックを担ぎ入れ、テレビを点けてソファーベッドに寄りかかった。沖縄から送った娘が履く登山靴と行動食の入った郵パックが梱包されたままで届いており、私のリュックと娘のナップサックに羊毛の下着や靴下から詰め込んでパッキングし直した。次女のトレッキングシューズは夏山用で軽いが防水性が十分でなく、沖縄でも「北アルプス白馬岳に初冠雪」のニュースが入り、妻に買ってやった登山靴を履かせることにしたが、これが山で大変なことになるとは考えもしなかった。

白馬《しろうま》大雪渓を登る

寝付きが悪いと娘も寝られないだろうと軽い眠剤を飲んだが、ぐっすり眠れたようで「六時だからもう起きようか?」と声をかけると「もう、お父さんの鼾《いびき》で寝られなかったんですけど!」と叱《しか》られ、沖縄では隣部屋の娘が夜中に大きな音で音楽を聴いており、私が起こされて「音、大きいよ!」とよく注意したが私の鼾を紛《まぎ》らすためだった。「山には体育着がいいよ」と言ってもファッション性のあるツナギを着込み、「あと一〇分待って」と目に隈が出来ているようなアイシャドーまで塗っていた。黒のコンパクトカーは登山靴を脱いだ私の運転でエンジン音も軽やかに中央高速道に向かった。軽くアクセルに足を置いておくだけで時速一〇〇㎞になり、伊那谷を北に飛ばし、松本を過ぎると長野高速道に入り、三〇分余りで豊科インターで下り、広い河原の安曇川沿いの一四八号線を爽《さわ》やかに走った。朝はマックででもと思ったが、都会を外れるとモーニングサービスはやっていないようで「道の駅」の食堂も準備中で、大町を過ぎ、大糸線が国道に併走するようになると二時間足らずで白馬《はくば》駅前に着いてしまった。屯《たむろ》しているタクシー運転手に聞くと第五駐車場に停めておくと下山する栂池《つがいけ》からも近いとのことで、近くの食堂で御飯とみそ汁が旨かった朝定食を二人で平らげ、タクシーの後を追った。「少し心配だな」と人家も疎らな広場に駐車してる車の間に停め、タクシーのトランクに登山道具を移すとタクシーは緩《なだら》かな坂道から上り、黄色がやや優位な紅葉の山々を見ながら林道をエンジンを吹かして上ると猿倉山荘前の広場に着いた（標高一二三二m。タク

雪渓の入口で項垂《うなだ》れる長女。

シー代三三〇〇円）。タクシーの中で車に地図を置き忘れたことに気づき、引き返そうと思ったが小屋で売っているとのこと。確かに地図は沢山置いてあり、四本爪のアイゼンも積み上げられ、山も金次第だった。ワンゲル（ワンダーフォーゲル＝準登山部）らしき一団が膝を曲げてストレッチをやっていたり、中年や若いカップルも身支度を整えており、娘に自分の衣類と化粧品を入れたナップサックを背負わせて、九時三〇分に山道を歩き始めた。直ぐ林道になり、山小屋のワゴン車も入っていたが、タクシーの乗り入れは出来なかった。登山道になっても中年のパーティ（登山隊）を追い越して行く位に娘も元気で、乳液やクリーム、コンタクトレンズの洗浄液まで詰めたザックは三kg位になっていた。一時間で白馬尻小屋に着き、「頂上山荘までトイレはありません」と書かれ、自然美化運動の寄付金箱に小銭を入れてトイレを済ませ、先を急いだ。暑くはないが汗をかきながら上って行くと小一時間で雪渓が見え、白馬岳も見えて来て、渓流の左沿いに進むと雪渓の下から雪解け水が轟音と共に流れ出していた。新雪前は雪渓が最も小さくなる時期でもあり、赤くマークされたトレース（足跡）もクレバス（雪渓の裂け目）に中断されていた。沢沿いのトラバース（迂回路）は傾斜が強く、私でもきつかったが急に娘が蹲《うずくま》り、「もういや！」「こんなんなら来なければよかった！」と言い出したではないか。「足が痛い」とも言い、妻の足と同じサイズのはずであったが、少し幅が広いようでもあった。無理強《じ》いすると逆効果になるのでペットボトルの新茶を飲ませようとしてみたが、追い越した登山者にも先を行かれ、焦《あせ》りから「父さんと山に登ると言うからこんなとこまで来たのに、もう大学も辞めて東京でフリーターでもやるといいさ、父さんは面倒みないからね！」と切れてしまった。少しは落ち着いたのか水を一口飲んだので、ナップサックを肩から外してやり「さあ行こう」と後ろから立たせると無言でゆっくり歩き始めた。雪渓の取り付く地点は見えているが右肩に担いだ娘のザックは行き先の不安からか重く、汗もびっしょりかいてなんとか雪渓に辿《たど》り着いた。小休止させながら「じゃ、羊毛の靴下を脱いでみるか」と靴下を脱がせて登山靴に一〇本爪のアイゼンをベルトでしっかり装着してやった。雪渓を黙々と登って行く人を見ていると登る気が出てきたのか両手でピッケルを握って年寄りが腰を屈めて杖をつくように小歩ながら登り始めた。調子が出てきたようなので「もう少し歩幅をとって歩くといいよ」と言うと歩き方も良くなり、若いカップルまで追い越しながらワンゲルの男女が笑いながら休んでいる雪渓上部まで一㎞弱の雪渓ながら小一時間で見事に登り切った。学生の時に登った雪渓は梅雨も開けきらない七月初旬で、雪渓は二倍はあり、上部に行くと六〇度近くの斜面となりピッケルを持っていても怖かったが、短くなった雪渓は娘には正解で、雪渓の先はクレバスに抉《えぐ》られて沢が現れ、トレースは右側に逸《そ》れ、岩の丘の登山道に続いていた。アイゼンを外してやりペットボトルで喉を潤しながら時計を見ると正午を回っていたのでビニール袋に入った携行食を取り出し、ピーナッツクラッカーや栗羊羹《ようかん》を分け合った。娘は落ち着いて来たらしく、携帯で峡谷の紅葉を背景に雪渓を撮っており、次女に送ってあげるとのことで「お父さんも撮ってあげるからKも撮って」と言ってくれた。上手く送れたのか「お父さんのカメラでKと一緒に撮ってもらおうか」と今まで自分の写真を撮らせなかった気分屋が変わって来た。早々と昼食を終え、娘の気が変わらない内にとまだ談笑しているワンゲルを後目にジグザグの急坂を上り始めた。娘は空身ながらよく上り、四〇代夫婦とおよそ一五分ごとの小休止で追いつき追い

雪渓を登り切り、機嫌も良くなった長女、ワンゲルの一人に撮ってもらう。

越され、見上げると上方にコンクリート造りの避難小屋が見えて来た。山小屋は頂上に近い鞍部に建てられているので登りの折り返しも少しづつ緩《ゆる》くなり、四〇代夫婦が先で休んでいたが近づくと男性の方が「頂上の小屋が見えますよ」と指さしてくれた。遥か丘の上に建っており、登山者は皆、最後の汗を流しているようであったが、娘は目標が見えるとプッツンするようで「もういや」としゃがみ込んでは渋々立ち上がるのを繰り返し、榛松《はえまつ》の間から見る頂上小屋が逃げていくようであった。小屋まで行けば稜線に出て山の向こう側が見えるよと言ったが小屋は斜面に建てられ重い足で小屋の引き戸を開けた。午後四時を過ぎており、七時間近くで雪渓を含む標高差一五〇〇mを登り切った訳で、無条件に娘を誉めてやりたかった。二年前には娘を塾に送って降ろすと横断歩道で杖のお年寄りにも追い越されていたが、「愛する娘《こ》には旅をさせろ」だった。古木の机と椅子が置かれ、食堂のようで先に着いた登山客がジョッキの生ビールを呷《あお》っており、早速、「八五〇円枝豆付き」と書かれた「生《なま》」と娘には「うどん」を注文し、超冷えた発泡性のビールが喉を爽やかに通り、酔い心地は天国にいるようだった。娘も温かい「うどん」を平らげて満足していた。受付は上の建物で夕食と朝食券をもらって精算し（一人八六〇〇円）、娘は「お風呂はありませんか」と聞いていたが奥の部屋の一角にリュックを降ろした。布団が反転してあり、羊毛の下着を取り出し、同室の中年女性に気を使いながら着替えたがどうも窮屈で「父さん、Ｋちゃんのを着てしまったけど直ぐ脱ぐから着てくれる？」と苦笑いしてしまった。幸い思ったより寒くなく体も濡れていないので「いざと言う時には使えるからね」と私のリュックの底に仕舞い込んだ。夕食は五時からで他の登山客と並んで大きな食堂に入ると半被《はっぴ》を着た女性従業員が「バイキングですのでオカズも御飯も食べられるだけ何度でもお取り下さい」と何回も言っており、私はプラスチックのプレートに鯖の味噌煮を二個、豚肉のショウガ煮をがばっと取り、デザートのケーキは一人一個で、テーブルの上には御櫃《ひつ》と味噌汁の鍋が湯気を立てていた。中年でも御飯を何度もおかわりする人もおり、標高二七三二ｍで炊いた御飯はややアルファー米っぽく、一膳にして置いたが味噌汁は旨いのでおかわりをした。娘に私のケーキをあげたが味も外観も「グー」とのことで、御嬢様はご満足だった。小屋のサンダルで冷んやりする外に出ると西空が真っ赤になって、稜線まで登って日の入りを見ている人達が小さく影絵になって動いていた。私が先に寝るとまた鼾《いびき》で娘が寝られなくなるので布団に入っていたが、娘は空いている上段の布団に潜り込み、「Ｋちゃん」と声をかけてもぐっすり眠っているようだった。朝は凍って水が出ないかも知れないとのアナウンスがあり、ペットボトルやテルモスに水を入れておいたが、お湯は有料だった。

下山が辛かった！

身を切るような水で顔を洗い、歯を磨くと熟睡したこともあり、爽やかな朝だった。娘も起き出し、化粧にも時間がかかったが朝六時からの食事に間に合い、夕食に似たメニューだったが二人共食欲も上々だった。外は霧雨で出発のパッキング（荷積め）をしていると「雨は止んでいます」と小屋のアナウンスがあったが、防水の効いたヤッケ上下を娘にも着けさせ、「今日は自分のザックくらいは」と担《かつ》がせて外に出ると白馬岳《しろうま》を目指す登山者も直ぐ霧の中に消えて行った。稜線まで少しの登りだが体がまだ固く、稜線に出ても霧の中で、娘は「足が痛い」と蹲《うずくま》ってしまうのでザックを私のリュックに押し込んだが濡れて重くなっていた。白馬岳頂上（標高二九三二m）は標識の他は何もなく、娘を撮ってやろうとするも顔を背《そむ》け、他の登山者も足早に小蓮華山をめざし、瓦礫《がれき》を下って行った。尾根道は瓦礫と榛松《はえまつ》の間を上下し、霧の中で展望はなく、一〇～一五分ごとに蹲《うずくま》る娘にペットボトルを差し出し、ゆっくり立ち上がって歩き始めるまで黙って待っていた。急な瓦礫の斜面を何とか登り切り、よく見ると霧の中にケルン（円錐状積石）が立っており、ここが小蓮華山の頂上（標高二七六八ｍ）で、人が集まっていたが写真を撮ると直ぐ先を急ぐように二人三人と歩き始めた。娘は蹲っても直ぐ寒くなるので仕方なく歩き始めるようで長いだらだらした瓦礫の下りから榛松帯《はえまつ》になったが、娘はペットボトルを差し出しても顔を背け、あるいは私を睨《にら》み付けるようになり、どうしたんだと聞いても「足が痛い」としか言わず、まだ白馬大池《しろうま》にも着いてないので先行きが不安になって来た。霧が晴れて周りの山の紅葉まで見えるようになっても心は晴れなかったが、遠く下の方に大池と赤いフュッテ（三角屋根の山小屋）が見えるではないか！　もう安心と思った瞬間、娘はついに蹲ったまま動こうとはしなくなった。食事は摂れて、眠りも十分で体に異常がある訳でもないのにと思ったが、傍《かたわら》を通る年輩の登山者が「どこか悪いんですか？」と心配そうに聞いてくれたが「我侭で歩こうとしないんですよ」と困った顔で答えると不審そうに去って行った。これは我慢に我慢を重ねてほっとした瞬間、精神的支えが無くなった状態であり、「さっ行こう！」と始めは私もじっと反応を伺《うかが》いながら待っていたが、こんな所にいつまでも居る訳にもいかず、「山で歩かないと遭難するんだよ！　体だって冷えてきてるじゃないか！」と言いながら小脇を抱えて起こそうとしても歩く意欲の無い者を立たすことすら難しかった。私までもだんだん焦燥感に煽《あお》られ、「家にはお母さんやお前の兄弟も待っているんだから父さんは帰らない訳にはいかないんだ！」とヤッケの襟首をつかんで牽《ひ》いて行こうとしても一ｍも動かせず途方に暮れてしまった。「それともここで死んだ方がいい？」とまで口走ってしまったが、娘は突然、泣きながら「死ぬ！」と言いながら走り出そうとするので必死で体を抑え込むと二人で瓦礫の上に倒れ込んでしまった。暫く時間が経ち、娘の息づかいも少し落ち着いてきたようで、リュックから取り出したペットボトルの水を黙って娘の口元に持っていくと手で取って一口飲んでくれた。傍を通って行く登山者も黙って見ている方がいいと判断しているようだった。三〇分以上無駄にしてしまったようで、やっと立ち上がった娘を抱えるように今度は自分を落ち着かせながら一歩一歩重い足を進めた。疲れ果てた二人は白馬大池湖畔のヒュッテに辿《たど》り着き、空いている縁台に座り込んだ。正午近くになっていたのでリュックから携行食を取り出し、「インスタントだけど美味しいワンタンを作ってあげるからね」と新調したラジウスにアルコールを満たし一〇〇円ライターで点火したが風はさほど強くないのに直ぐ消えてしまった。近くに私世代の登山者がウイスキーを置いており「軽くていいようだけど上手く使えるかな？」と注目していたが役に立たず、娘にも温かいものを食べさせられないので「こんな時に！」と腹立たしかった。娘はフィグバー（イチジクのクッキー）を食べ始め、表情も落ち着いて来たようで、着メロが鳴り、「Mちゃんからだ！」と娘の携帯に次女からメールが入った。「昨日送ってくれた雪渓の写真がすっごく綺麗だったよ！　Kちゃん頑張ってね！」とのメッセージらしくやっと娘の笑顔を見ることが出来た。タイミング良く励ましてくれた訳で娘の気持ちが悪い方に戻らないようにと、羊毛の靴下を薄い綿のにして早々に出発した。靴がそれほど窮屈だったとは思っていなかったが、アパートで娘の足を見てみると豆だらけだった。湖畔を迂回する路は滑りやすい大石の上を腿を持ち上げて歩くので辛《きつ》く、「その丘を越えれば後は下りになるから」と励ましたが、また先に高台が現れ、娘も呼吸を整えるために蹲ったが下山する気持ちが出来て来たようだった。栂池《つがいけ》から上って来たハイカーも多くなり、下山するハイカーを追い越しながら一時間ほど上ると榛松帯は無くなり、瓦礫の丘に大きなケルン（積み石）が見え、乗鞍岳（標高二四三六m。三〇〇〇m級の同名峰がある）の頂上だった。大きなリュックを背負って縦走する登山者よりも日帰りで軽装のハイカーが多くなり、「こんにちは」と挨拶しながら譲り合ってすれ違った。長い下りは大小の石からなり、朝霧で濡れて滑り易く、大きな石の上を娘が尻餅を付いてそのまま大石から滑り落ちるかと一瞬思ったが、すかさず体を反転して腹這《はらば》いになり、手足を広げて体を制動する運動神経に「びっくりしたけど良く体を止められたね！」と誉めてやった。小さな雪渓の上に沢山のハイカーが休んでいるのが見え、滑らないよう横歩きで渡り、樹林帯の中をさらに下ると平地が見え、天狗原の湿原らしく軌道のように板が平行して敷いてあり、二〜三人づつ足早に歩いていた。板を広く敷いてある所で、周りの紅葉を楽しみながらお結《むす》びを頬張るハイカーの傍で、われわれは水だけの小休止をしてまた単調な樹林帯の下りになった。展望もなく、娘は一〇分ほどで立ち休みをするが、私は精神的な疲れが出て来たようで「もう少しで栂池のロープウェイだ」と思うとますます辛《きつ》くなった。栂池フュッテ前の山道に出た時はそのまま座り込んでしまいそうになったが、紅葉を見に来た観光客にも追い越されながらロープウェイの最高所駅（標高一五〇〇m栂池自然園）まで辿《たど》りついた。

心が触れあう秋の信濃路

ロープウェイの駅の外まで観光客、ハイカー、登山者が溢《あふ》れ、入り口の切符売り場の女性にリュックが一〇kgを越えているからと片道料金に三〇〇円追加され、娘と切符を持って列に並んだ。娘がトイレに行っている間にも列は中央まで進み、一五人くらい乗れるゴンドラに乗り込み、ドアが閉まるなりフッーと少し落下する感じで下り出した。満員で身動きも取れなかったが一〇分位で中継駅で降ろされ、さらに下るロープウェイの駅まで三〇〇m歩かされた。四人乗りの小さいゴンドラが次々に来て、ブランド品でかためた新婚カップルと一緒に、濡れて泥だらけの親娘《おやこ》らしい二人が大きなリュックとピッケルを持って乗り込んだ。白馬岳《しろうま》から乗鞍に至る三〇〇〇m近い稜線では黒い岩稜が新雪でまだらに化粧され、二〇〇〇mより下は赤や黄色の紅葉の衣《ころも》で彩《いろど》られていた。カップルの頭越しに写真を撮りながら疲れて俯《うつむ》く娘に「歩いて来た山が全部見えるよ！　綺麗だから見ておきなさい」と言ったが、聞こえない振りをしていた。栂池高原駅（標高八五〇m）に着くと両側に土産品店や山菜ソバの店などが立ち並び、呼び込みの声を聞きながら坂を下りるとタクシーが何台も客を待っており、「第五駐車場」と言うと直ぐトランクを開けてくれた。山麓を走りながら「紅葉が枯れて落ちるとほんの一時《いっとき》、常緑樹の緑が戻るんですが、直ぐ麓まで雪に覆われるんですよ」との運転手の話を聞き、とっくに刈り入れの済んだ田圃《たんぼ》を見ていると昨日、娘の車でここまでやって来たとは思えない、懐かしい駐車場に戻って来た。タクシー代に二六〇〇円払ったが現金が一〇〇〇円だけ残り、娘が車に五〇〇〇円あると言っていたがアパートに置いてあるらしかった。帰りのガソリン代と高速代が必要であり、白馬《はくば》駅前に出たが銀行はなく、日曜なのでキャッシングできないのではと心配になった。一四八号線を松本方面に帰り始めたが、八十二銀行を見つけキャッシングコーナーも開いているので「駄目かな?」と沖縄銀行のカードを入れて見るとキャッシングマシーンが反応するではないか！　二万円をゲットし、思わずボックスの中から娘にOKのサインを送ったが、「不正なキャッシングをしたと思われたら」と周りを見渡した。大町を過ぎると豊科から長野高速道に入るので安曇川沿いに走っていたが「今日は駒ヶ根に着いたらKは友達の所に行く」と不機嫌で、向こうを向いて寝込んだ振りをしていた。「山の中ではお父さんも無理強《じ》いして悪かった。Kちゃん御免ね！」と寝返りする毎に謝りながら運転し、辰野で中央高速に入っても左側車線をキープして飛ばさず、山での出来事を述懐しながら四時pmには駒ヶ根インターを降りていた。山間《やまあい》なのか既に薄暗くなったアパートに戻り、汚れた靴やリュックを玄関に置き、「Kちゃんからお風呂に入るといいよ」と娘の履いていた登山靴と先に送ったトレッキングシューズなどを郵パックの段ボールに詰めて送ってもらうことにした。娘にとって幅の狭かった登山靴がパニックを引き起こした一因であり「痛い靴でよく登ってくれたね」と私も配慮が足りなかったことを反省した。私は髪にシャンプーしてシャワーで体も洗うとサッパリし、気持ちもシャキッとなり、あれ程

無事、登山を終えて長女のアパートで撮った親子のツーショット。

の疲れも無くなっていた。娘も「父さんが襟首を引っ張ったからキスマークみたいになったんですけど！」とドキッとすることを言いながら許してくれたようで、「あと一〇分待ってくれる」と化粧を始めた。娘の運転で街の中心部に出て歩き始めると「ここが受験のとき泊まったホテルでボロイでしょ！」と言う。電話で他のホテルに聞いたら「大学まで二〇分」と言われたのでこのホテルに電話したら「大学は直ぐですよ」とのことだったが二〇分と言われたホテルは隣にある上等のだった！　と機嫌も良くなっていた。高級ということで学生は敬遠している料亭に入り、娘は刺身と焼き鳥、クラゲ酢を注文していた。生ビールは頂上小屋と同じ値段で、娘は運転するのに巨峰サワーというチューハイを頼んでしまったので私がそれも飲むことになったが、しっかり娘は店の遅すぎる冷麺を取り消してもらい信州ソバの旨い所に連れて行ってくれた。町外れの田舎造りであるが大勢の客でにぎわい、娘は茹《ゆ》で汁の付いた「ざるそば」とビー玉付きのラムネを注文し、私の「きつねそば」は茶ソバで腰があり、濃い口の汁は塩分控えめで、アゲは豆腐と油の風味と歯ごたえが堪《たま》らなく、何枚も入っていた。次女から長女に携帯が入り、「今、お父さんとグルメの梯子をしているんだよ！」と上機嫌だった。娘のアパートではスーパーで見つけたアーリータイムズ（バーボン）をコップに注いでいると冷蔵庫から氷を入れてくれ、

「自分はお酒飲まないからタバコしていい？」と旨そうに緑のマルボロを吹かし始めた。「ビールくらいならいいけどタバコはお腹《なか》の子供にも悪いし、お母さんみたいに台所に座り込んで吸ってると格好悪いよ」と親らしいことを言うと「そうね」と素直で、ピンクのポラロイドカメラを取り出し、左手を伸ばして父さんとのツーショットを撮ってくれた。明日は月曜だが体育の日の祭日で、娘は火曜から試験があり、山で苦労させたこともあり、今夜は鼾《いびき》をかかないで寝かせてやりたかった。

今日も寝覚めの良い朝を迎え、娘も良く寝たようで、コッペパンを半分に切って辛子明太子のペーストを塗ってくれ、ホットコーヒーはアメリカンで薄めだったが、嬉しい朝食だった。九時には駒ヶ根のバスセンターに送ってくれ、「もう帰っていいよ、勉強もあるし」と言っても「大丈夫」と言い、満席に驚いたが予約していたためか最前列のチケットをくれた。「体に気を付けてね。生活費足りなかったら父さん送るからね！」と娘の手を取ると柔らかく、直ぐ出発する高速バスに乗り込み、この登山で一回り頼もしくなった長女に手を振りならが目尻の涙をこらえていた。

家族高所冒険登山：後文（エピローグ）

家族で登山を始めた頃は、長女が志望の高校に合格し、次女が中学校の陸上競技で活躍し、長男が小学校からのサッカーをやめて中学でバスケを始めた時期であるが、それぞれ問題を抱えていた。

長女は県下の名門高校に入ったが、放課後は女の友達と市内のカラオケ喫茶などに出入りするようになり、奉仕活動を夏休みにさせられたこともあった。屋久島とキナバル山にはなんとか登らせたが、アウトドア・スポーツに触れさせることにより大学受験の糧になったようで、長野の看護大学に入ることが出来た。寮生活を始めたが直ぐ五月病になり、夏富士登山の際に東京ディズニーランドに連れ出して励ましたが、長野の寒さと田舎生活について行けず、二年目には東京の大学に行きたいと言い出した。妻が会いに行ったが埒《らち》があかず、冬が来る前にと父自らが長野まで出かけたのが白馬岳雪渓登山であった。結局、長女は学園生活にも馴染まず、東京に出てバイトと仕送りで福祉系の学校に通い始めた。資格は取ったが商社マンと結婚し、二人の子供を横浜で育てている。長女が長野に行って唯一良かった事は、大学の同級生だった女性と縁あって長男が結婚したことであり、彼女の難病を二人で克服して玉のような孫娘が出来たことである。

次女は小学六年から社会人の女子サッカーチームに夕方から毎週通わせ、送迎しながら私のジョギング・タイムともなったが、中学に上がると体育の先生に見込まれて陸上に嵌《は》まり、一〇〇mハードルで県の大会記録を塗り替えた。勉強も夜遅くまで頑張り、長女の通う高校に入ることが出来た。家族登山は息抜きになったらしく、家族で海外に出かけた経験は米国留学に繋がったのだろう。高校では授業も難しくなり陸上は高校のコーチと合わず辞めてしまい、女子サッカーはなんとか続けていたが志望の大学に入れなかったことからふさぎ込むようになった。アメリカに留学してみたらとジスタス（英語塾）に通わせ、私が留学したサンフランシスコ郊外にあるカレッジを二人で見に出かけ、知人のチェノウェス夫人にお世話になることになった。カレッジでは女子サッカーチームのエースとして活躍し、アメリカの看護大学に進むことも考えたが学士を習得して帰国した。東京の外資系で働いているようで連休や夏には沖縄で私とダイビングを楽しむ余裕もあるが、最近、米国の四年制大学を出たと言う彼氏を紹介され、家族とも山歩きをするようで家族登山が役立っている。

長男が小学校に入ったのはJリーグが始まった年で、三人の同級生の父親がサッカーをやっていたこともあり、その兄弟姉妹も加えてサッカーチームを結成し、小学校の大会にも出るようになった。授業や書道などは集中力が今一で、「睡眠不足」と言っていたスイミングスクールには次女と通い、美術の先生が驚く程、頓知の効いたイラストやオブジェ作りが得意だった。中学ではバスケに嵌まったが、高校入試で頑張ってもらわなければとの親の焦りがあった。海外見聞と高所登山の甲斐があったようで、姉達が通学している高校に一ヵ月の徹夜の受験勉強で入学できた。一安心したが、高校ではバスケも止めて放課後に友達と出歩く事が多くなった。何とか卒業出来、留学資格試験（TOEFL）はもう一押しだったが、受験勉強をすると言って単身、東京に行ってしまった。イラスト業界に就職し、徹夜でコンピューターの画像処理を勉強しながら熟練者と肩を並べて仕事が出来るようになり、国際的なイベントのポスターに採用されるなど活躍しているようである。姉の同級生と結婚し、イケメンだったが一女のイクメンになっている。

妻は、私の母とは共に気が強く折合いが悪かったが、私が母の腸癌の手術のため相談無く沖縄に呼び寄せたとのことで、私との夫婦仲もギクシャクし、母を連れて別居したこともあった。私が医院を開業し、母が老人ホームに入ったことから関係も修復しつつあり、仕事に余裕が出来たら二人でカトマンズのビルさんに会いに行ったり、インカ古道を歩いてみたいと思っている。

孫は三人となり、ランドセルを背負う姿は我が子供達とサッカーや山歩きを始めた頃と思いが重なり、今度は孫達を連れて海外の高所登山に挑戦できることを夢見ている。

著者プロフィール

井上 治（いのうえ おさむ）

1948年（S23年）：京都市左京区郊外に生まれる。

1958年（S33年）：小学4年の時、一家で上京。

1964年（S39年）：東京都立新宿高校に入学。

1967年（S42年）：米国加州ミラモンテ高校に編入。

1969年（S44年）：新潟大学医学部に入学。

1975年（S50年）：横須賀米海軍病院インターン研修。

1977年（S52年）：琉球大学附属病院整形外科に赴任。

1988年（H元年）：琉球大学附属病院高気圧治療部。

2012年（H24年）：同部々長（准教授）を経て沖縄県うるま市で整形外科クリニックを開業。

家族高所冒険登山

2015年6月15日　初版第1刷発行

著　者　井上 治
発行者　瓜谷 綱延
発行所　株式会社文芸社
〒160-0022 東京都新宿区新宿1－10－1
電話 03-5369-3060（編集）
03-5369-2299（販売）

印刷所　株式会社平河工業社

ISBN978-4-286-15836-5